Agneau Tatoué du Quercy

Réponses à monsieur Frédéric Beigbeder au sujet du Livre Numérique

Écrivains = moutons tondus ?

Du même auteur*

Certaines œuvres sont connues sous différents titres.

Romans

La Faute à Souchon : (Le roman du show-biz et de la sagesse)
Quand les familles sans toit sont entrées dans les maisons fermées
Liberté j'ignorais tant de Toi (Libertés d'avant l'an 2000)
Viré, viré, viré, même viré du Rmi !
Ils ne sont pas intervenus (Peut-être un roman autobiographique)

Théâtre

Neuf femmes et la star
Les secrets de maître Pierre, notaire de campagne
Ça magouille aux assurances
Chanteur, écrivain : même cirque
Deux sœurs et un contrôle fiscal
Amour, sud et chansons
Pourquoi est-il venu :
Aventures d'écrivains régionaux
Avant les élections présidentielles
Scènes de campagne, scènes du Quercy
Blaise Pascal serait webmaster
Trois femmes et un Amour
J'avais 25 ans
« Révélations » sur « les apparitions d'Astaffort » Brel Cabrel

Théâtre pour troupes d'enfants

La fille aux 200 doudous
Les filles en profitent
Révélations sur la disparition du père Noël
Le lion l'autruche et le renard,
Mertilou prépare l'été
Nous n'irons plus au restaurant

* extrait du catalogue, voir page 141

Stéphane Ternoise

Réponses à monsieur Frédéric Beigbeder au sujet du Livre Numérique

Écrivains = moutons tondus ?

Essai

Jean-Luc PETIT Editeur / livrepapier.com

Stéphane Ternoise
versant
essayiste:

http://www.essayiste.fr

Tout simplement et logiquement !

Site officiel : http://www.ecrivain.pro

Réponses à monsieur Frédéric Beigbeder au sujet du Livre Numérique

Décembre 2013 : version 2, également en papier...

Le 14 octobre 2011 fut publié en numérique « *Réponses à monsieur Frédéric Beigbeder au sujet du Livre Numérique.* »
Il était alors impossible pour un écrivain vraiment indépendant de proposer dans de bonnes conditions un format papier.
Peu de réactions. Indifférence des médias installés.
Face à Frédéric Beigbeder, pour "défendre" le livre numérique, l'*Express* appela ainsi François Bon, le 15 novembre 2011. Il fallait quelqu'un de présentable (du milieu) ! Cette année-là, BON François avait bénéficié d'une « *Bourse de création* » de 14 000 euros pour le projet « *Autobiographie des objets* » (roman) par le CNL, Centre National du Livre. C'est avec des subventions qu'on tient par la barbichette les écrivains, dans notre pays... Finalement leurs minces divergences témoignèrent du réel pouvoir de lobbying des éditeurs traditionnels. Les gens finissent par penser comme « on » les fait penser. Moutons ? Mais non, ils affichent des opinions, des nuances...

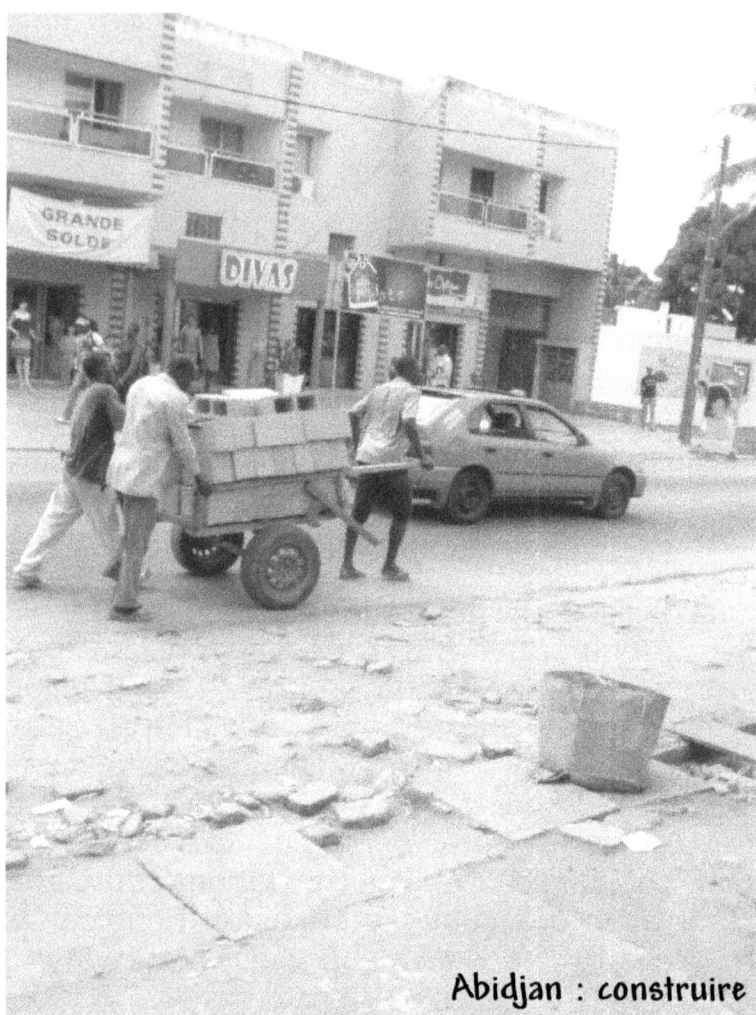

Abidjan : construire

Réponses à monsieur Frédéric Beigbeder au sujet du Livre Numérique

Monsieur Frédéric Beigbeder a choisi de devenir l'emblème de la lutte anti livres numériques. Un créneau porteur ! En publiant « *Premier bilan avant l'apocalypse* » chez *Grasset* de chez Lagardère et en s'exprimant de manière virulente sur le sujet, sur *Europe 1* de chez Lagardère, monsieur Frédéric Beigbeder semble avoir un message à faire passer, peut-être également au nom du Groupe Lagardère détendeur du secteur *Hachette Livre,* omniprésent dans l'édition française.

En publiant, le 5 septembre 2011 « *Ebooks en France : bienvenue Amazon Kindle... Edition : Plutôt AGAK (Amazon Google Apple Kobo) que Lagardère...* », conscient de ma probable incapacité à promouvoir cet essai, j'avais prévu, lors du dépôt du manuscrit, quelques titres de rechange, dont cette réponse. Faute de place médiatique, plusieurs approches sont parfois nécessaires. Puis ce titre a connu sa propre vie, avec des mises à jour spécifiques.
Ce livre atteindra-t-il ainsi plus de regards ? Monsieur Frédéric Beigbeder refusant (logiquement) la numérisation de son pamphlet anti ebooks... qui sait ?... Ce document constitue également une information sur les enjeux du livre numérique,

même plus qu'une réponse minutieuse aux arguments assez insignifiants de monsieur Beigbeder.

Fin 2011... Amazon Kindle est donc en France. Comme Itunes. Un vrai débarquement pour libérer les écrivains français du carcan de l'édition paralysée par des installés ? Et la vente des ebooks va tout doucement décoller pour atteindre un premier pic avec le Kindle cadeau de Noël high-tech-littéraire ?
Au niveau du catalogue en français, 35 000 œuvres sont annoncées sur le Kindle. Cet ebook y sera mon quarantième. Représenter un millième du contenu en français d'Amazon est déjà une petite victoire pour un écrivain résolument indépendant depuis deux décennies.

Fin 2013 : si son *Premier Bilan après l'apocalypse,* n'est disponible qu'en papier, le reste du catalogue de Frédéric Beigbeder semble disponible en numérique. Il existe peut-être « des œuvres de jeunesse » non numérisées ! Comme quoi, il s'agissait bien d'un livre de pitreries, pour faire son numéro d'anti ebook. Malheureusement il est acheté en numérique ! Sûrement plus que moi !
Mémoires d'un jeune homme dérangé, 6 euros 49 en numérique pour 6,75 en poche, se classe ainsi, le 12 décembre 2013, 15 534eme meilleure vente dans la Boutique Kindle à 13 heures 54. *Un roman français*, 14 941eme, *Vacances dans le coma* 47 647eme...

Frédéric Beigbeder – François Bon ou les initiales du débat

L'*Express* nous présente Frédéric Beigbeder, contre François Bon, article du 15 novembre 2011. Le choc du papier contre le numérique ?

« *Frédéric Beigbeder, dans son* Premier Bilan après l'apocalypse, *voit le format numérique comme une fin du monde littéraire, et il refuse d'être lu sur un écran. François Bon, qui publie* Après le livre, *souhaite que les auteurs accompagnent la mutation en cours.* »

L'auteur Lagardère jouait au réactionnaire mais gentil « *j'ai essayé de lire sur Kindle et sur Ipad, je n'ai pas réussi à lire plus de trente pages d'affilée.* » Je n'ai jamais lu trente pages de Beigbeder ni de Bon. J'ai essayé. Mais disons... ils n'écrivent pas dans un style me permettant de les incorporer à l'art du roman... Mais là n'est pas le sujet. Que je sois écrivain, qu'ils soient écrivains, ou non, là n'est pas la question. Elle est où alors ? Même pas de savoir si le numérique s'imposera. On s'en fout, finalement ! Le point fondamental de notre époque : ces messieurs des grandes fortunes de ce pays vont-ils continuer à contrôler le monde de l'édition, naturellement grâce à la complicité de gens qui savent bien, ou sentent bien, qu'ils ne doivent leur position qu'à leur acceptation d'un système mesquin et inique ?

Le numérique n'est qu'un moyen, celui de renverser l'oligarchie en place. Le reste peut se discuter entre gens qui pensent à peu près la même chose, finalement !

Alors bien sûr on peut applaudir au tout et n'importe quoi « *Je ne vais pas me bagarrer, je ne vais pas mourir pour défendre le livre sur papier, mais je serais triste s'il disparaissait, parce que j'aime ces vieux gestes. Ma crainte, c'est que ce ne soit pas seulement la disparition d'un objet, mais aussi la disparition de ce qui allait avec, le silence, le temps, la solitude, la longue histoire du roman. Prendre son temps pour rentrer dans le cerveau de quelqu'un d'autre.* » (Beigbeder) Le support n'a quasiment aucune influence dans notre rapport à l'écrit, quasiment, car l'habitude nous façonne ; s'il faut différencier lecture papier et numérique, cette dernière me semble plus facile, pratique, rapide. Rapide : je lis plus vite, peut-être l'effet de ne pas tenir un lourd bouquin (plus de 750 grammes un excellent Henry Miller) ni devoir tourner des pages.

On peut sourire en pensant "flagornerie" ou pire « *ce que nous avons tous deux en commun, le goût pour la beauté de la langue, je l'ai croisé dans votre livre.* » (Bon)

Que répondre à « *Mais si jamais on arrive à concevoir ce livre numérique réussi, avec* talent, silence, écart, solitude, profondeur, vous êtes quand même conscient que ça signifie la fermeture des librairies, des bibliothèques, la disparition de beaucoup de métiers comme celui d'éditeur, la signature d'autographes, plein de choses très agréables ! » (Beigbeder) ? Pitoyable ? Que d'aveux ! Il faudrait interdire le numérique pour permettre à des employés d'ouvrir des cartons et placer du papier majoritairement Lagardère sur les tables ! Qu'elles ferment ces librairies incapables de vendre les livres édités mais fiers d'imposer le choix de l'oligarchie à leurs clients.

Naturellement, j'aurais sûrement plus de points d'affinités avec ce François « Ce n'est pas le livre numérique qui a abîmé la librairie. Elle a été abîmée par la grande distribution, par le fait de dépendre d'un trop petit nombre de références pour son chiffre d'affaires, par le peu de temps que les livres restent en rayon. » Mais le CNL est bien un des piliers du système, monsieur ?

Espèce de pitre Lagardère, j'ai envie de balancer au Beigbeder de « je crois qu'il faut quand même se battre pour retarder le moment de la disparition du livre. C'est très grave ! » C'est grave oui, que tes livres soient en librairies traditionnelles et pas les miens !

S'il réfléchissait, ce convertirait-il à l'indépendance le Beigbeder ? « Ha oui, parce que ça aussi, c'est une belle escroquerie. On *nous explique qu'on supprime le livre sur papier, la distribution, la librairie, tous les intermédiaires, mais on doit être payés pareil si ce n'est moins. C'est exceptionnel comme vol. Sans compter que le livre sera vendu évidemment moins cher. Il faut qu'il y ait une justice, que les auteurs soient davantage rémunérés, et il faut sauver les librairies. Vive la loi sur le prix unique du livre numérique !* » Aucun rapport avec la loi sur le prix unique du livre : il s'agit plutôt du partage d'un gâteau appelé livre, qu'il soit en papier ou pixels.

Et je vais vous avouer : ça ne pouvait pas être moi, en face, car l'Express remercia le restaurant « *Le Général Lafayette* », lieu de la rencontre. J'espère pour vous que vous ignorez son adresse ! Le journaliste a précisé : « *Paris 9eme.* » Je n'entre pas dans les restaurants. Question de moyens mais également d'attachement à la qualité, donc l'origine, des aliments.

Le grand problème de l'édition en France...

Ce ne serait plus Lagardère mais AGAK (Amazon Google Apple Kobo) !
Quelque part, Arnaud Nourry, le boss du mastodonte *Hachette Livre,* a réussi sa dédiabolisation exposée dans *Le Monde* en 2009 : « *Habitués à tort à se méfier d'Hachette, mes confrères* [éditeurs] *sauront-ils percevoir le danger que les bouleversements en cours font peser sur toute la profession ? Ma porte leur est grande ouverte.* »
Auteur éditeur, j'ai donc frappé à la porte de Numilog, l'e-distributeur du groupe... La porte est ouverte pour mieux nous enfermer dans une impasse ?

Amis écrivains, je vous conseille de bien comparer entre l'approche d'AGAK et celle de Lagardère. Une autre voie est possible...
Heureusement, d'autres solutions existent...
La distribution des livres numériques ne reproduira peut-être pas le modèle du livre papier où la maison Hachette triomphe...

La peur du livre numérique prédomine encore chez les écrivains en France. Je vais essayer de les rassurer. Tout en éclairant lectrices et lecteurs à l'avis encore incertain sur l'ebook mais tentés de croire au cri d'alarme des braves libraires, éditeurs, écrivains médiatiques. Et même, après analyse : je préfère l'approche d'Amazon et du distributeur souhaitant "ouvrir l'édition."

En off, de nombreux écrivains n'hésiteraient pas à m'approuver.

Pourtant, le proclamer, peut, en 2011, s'avérer médiatiquement dangereux...

Mais se taire serait sûrement une erreur historique.

Plusieurs échanges de mails ont permis d'obtenir des éléments essentiels à cet essai. Les noms et prénoms des employés qui ont eu l'amabilité ou le devoir de me répondre, sont remplacés par des initiales aléatoires.

J'ai "naturellement" essayé de contacter monsieur Arnaud Nourry, de chez Hachette Livre, le Président Directeur Général, (Annexe 1). Et je n'ai pas été surpris de ne pas recevoir de réponse.

Monsieur Denis Zwirn, patron de Numilog, fut de même silencieux.

Des journalistes ne manqueront sûrement pas de les prier de réagir sur cet essai... hum hum hum...

Edito 1 : Contexte Lagardère

Si Lagardère Publishing se limitait au monstre de l'édition papier pouvant submerger de bouquins les librairies et grandes surfaces, j'aurais laissé à d'autres le soin d'analyser les risques d'une telle concentration pour la diversité littéraire du pays.
Lagardère Publishing est le deuxième éditeur de livres grand public et d'éducation dans le monde.
Le premier français, le premier anglais, le deuxième espagnol, le cinquième américain.
Le chiffre d'affaires de Lagardère Edition représente dix fois celui de Gallimard (en 2011, depuis la "grande maison" a raflé Flammarion pour se hisser au troisième rang national) mais le groupe sait rester discret, laissant à monsieur Antoine Gallimard la présidence du SNE, le Syndicat National de l'Edition (après sa « belle opération », il a également laissé la place...).

Mais en plus de tout cela, et logiquement, finalement, en 2008 Hachette Livre a mis la main sur une pépite du web, Numilog, le principal e-Distributeur et e-Diffuseur français d'ebooks.

J'ai contacté Numilog dans ma recherche d'un distributeur numérique. Les échanges de mails, leur position vis-à-vis des auteurs-éditeurs indépendants, m'ont persuadé de la nécessité d'informer.

Heureusement, Numilog n'est pas la seule porte pour la vente de livres numériques. Sinon, le secteur, en France, était bloqué dès sa phase de lancement... Naturellement, députés et sénateurs ne se sont pas souciés de la distribution quand ils ont voulu encadrer les livres numériques. Aucun principe d'égalité des chances dans l'accès aux potentiels lecteurs. Le gouvernement a même souhaité, selon M. Gallimard, un monopole de la edistribution en France... Etonnant ?

Edito 2 : Manifeste du livre numérique

J'invite l'ensemble des écrivains francophones à se forger leur propre opinion sur la révolution numérique du secteur de l'édition.
Donc à ne pas limiter leurs sources d'informations aux communiqués des éditeurs français, et aux succinctes analyses de blogueurs parfois autoproclamés spécialistes quelques semaines après avoir enfourché ce créneau.

Nombreux parmi vous ont conscience de subir un système bloqué, pas forcément au point où il est ici exposé, mais suffisamment pour gémir en "off" dans les salons du livre.
Ce sentiment d'exploitation, ressenti par de nombreux auteurs publiés, s'accompagne, le plus souvent, de fatalisme : je ne peux rien y faire.
Certains ajoutent *"il faut bien bouffer."* Plutôt quelques miettes et le sacro-saint contrat d'édition permettant de quémander aux mangeoires des subventions (même le Centre Régional des Lettres Midi-Pyrénées, accorde des bourses substantielles : 8 000 euros) et d'obtenir une petite notoriété financièrement négociable...

Il est plus facile pour un écrivain de s'opposer à Kadhafi, à 2000 kilomètres de Tripoli, qu'au conglomérat Lagardère, surtout dans une période où le mastodonte est parvenu à convaincre ses partenaires du SNE de leurs intérêts communs.

Le découragement face à l'absence d'alternatives fut compréhensible : l'auto-édition, durant des décennies, n'est jamais parvenue à contourner le système médiatique ami des éditeurs installés.

L'espoir d'un contact direct avec les lectrices et lecteurs ne put se réaliser qu'à l'échelon local.

Amazon, Google, Apple, Kobo, c'est un grand coup de pied dans la fourmilière possible. Et rapide.

Sauf si 99% des écrivains restent scotchés, accrochés à leur petit contrat, prisonniers des sophismes des installés.

On entend même "un tiens vaut mieux que deux tu l'auras." La France, pays de la frilosité ? Pays des installés indéboulonnables ?

Aux Etats-Unis, pour faire bouger la ligne tarifaire des éditeurs, Amazon s'est adressé directement aux écrivains. La même technique pourrait donner le même résultat. Notre édition bloquée a besoin de bien plus. C'est maintenant ou rapidement il sera trop tard.

Publier cette analyse représente un danger ?

Pointer du doigt un problème dans le groupe Lagardère, c'est s'attirer les foudres de l'ensemble du groupe ?

Je mesure les risques d'un tel texte. Un terme me vient à l'esprit : blacklisté. Il doit être exagéré. Sûrement une conséquence de la fréquentation de sites où l'on peut refuser tout contact avec tel ou telle en appuyant sur la proposition de mise en liste noire. Naturellement, un grand groupe n'a aucune liste officielle d'indésirables. Une fuite suffirait à créer un scandale (via wikileaks peut-être...)

Naturellement, dans un grand groupe, on peut supposer un « esprit de groupe » et il est possible que tout le monde ait intégré la nécessité de ne pas promouvoir toute œuvre ou même tout individu dont les propos ou écrits peuvent contrarier la rentabilité d'une branche.

Lagardère, en France, c'est de l'édition mais aussi du média (pratique pour promouvoir ses auteurs !), de la presse magazine (ELLE, Paris Match...), à la radio généraliste (Europe 1) ou musicale (Virgin Radio, RFM...), en passant par la télévision gratuite comme Gulli ou payante Canal J, ou internet (le si utile doctissimo.fr par exemple)...

Mais ne rien écrire aboutirait sûrement au même résultat... comment l'exprimer en termes courtois... je peux peut-être résumer : les médias du groupe Lagardère n'ont pas de place pour un écrivain indépendant (combien de lecteurs auront l'amabilité de penser : si tu avais du talent, tu serais un auteur Lagardère, mon p'tit gars)

Bref, regroupant des faits, les analysant avec respect, exposant une opinion mesurée, je pense cet essai publiable en France, sous mon propre label. Comme quoi je ne suis pas totalement parano !

Publier cette analyse m'apparaît indispensable...

Dernière relecture.

Naturellement, j'ai consulté de nombreux sites pour les informations de cet essai. Twitter a aussi ce grand talent de fournir l'état d'esprit des auteurs qui s'engagent ou le voudraient dans la voie numérique, en présentant des blogs (eh oui, j'en ai lus !)

Lagardère peut s'appuyer sur la peur des écrivains pour soutenir l'opinion que le merveilleux monde de l'édition française est bien préférable au tsunami possible.

Même chez des auteurs (apprentis auteurs serait plus juste ?) officiellement en quête des solutions pour l'autopublication, on trouve ~~toujours~~ le plus souvent une recherche d'un éditeur, très souvent Grasset d'ailleurs ! (mais ils ignorent le plus souvent le nom du grand patron)

Les écrivains ont peur ! Car en plus de l'incertitude, qui devrait les ravir mais les inquiète, la désinformation sur l'auto-édition pullule. Il ne s'agit même pas de sociétés de compte d'auteur ou d'éditeurs numériques qui auraient intérêt à dénigrer cette voie mais d'incompétence. Le pire, c'est au sujet législatif : on pourrait croire que la France est un pays où le statut d'auteur-éditeur est interdit ! Je le suis pourtant depuis deux décennies. Mon exemple, mes textes, ne les intéressent pas : ils sont "jeunes" et n'ont que faire des écrits d'un vieillard ! Eh oui, j'ai dépassé 40 ans. Ils sont jeunes et pourtant d'un conformisme, d'une frilosité et d'un manque d'indépendance affligeants.

Ces « auteurs » qui prétendent informer s'engluent tellement dans leur méconnaissance du b.a.-ba de l'auto-édition, qu'ils embrouillent encore plus.

Naturellement, cet essai ne changera rien à leurs phrases définitives ! Mais qui cherche vraiment l'information aura une nouvelle possibilité de la trouver. Désolé de la répétition pour les fidèles du site : http://www.auto-edition.com présente les formalités du statut d'auteur-éditeur en France. Et j'ai publié un ebook sur la nouvelle voie ouverte par le développement numérique.

La distribution des ebooks sera un vrai métier...

Comme il était possible de pronostiquer avec force conviction en 2008 que le livre papier garderait 95% du marché de l'édition à un horizon de 5 ans, il existe aujourd'hui des voix (pas forcément les mêmes) pour prétendre qu'Amazon accaparera 90% du marché de l'ebook en France. J'en doute fortement ! Amazon, probable leader... mais de toute manière, une règle essentielle, même en littérature numérique : ne pas mettre tous ses e-books dans le même panier.

Amazon, comme aux Etats-Unis, proposera une plateforme d'autopublication, en accordant sûrement 70% des revenus aux écrivains. (il en fut ainsi)
Apple, Kobo et Google suivront tout aussi sûrement la même approche. Kobo a lancé "Writing Life" et Google semble encore chercher la bonne approche...

Déjà le marché se scindera en quatre !
Barnes & Noble (et le Nook, sa liseuse) ne restera pas éternellement indifférent à l'Europe.
Des plateformes françaises parviendront (surement !) à grappiller quelques pour cent, comme la Fnac, Rue du Commerce / Alapage ou epagine mais aussi les librairies qui ne se limiteront pas à reprendre les présentations

officielles partout présentes, sauront proposer un vrai contenu critique.

2013 : Rue du Commerce a "fermé" Alapage et semble délaisser le livre, lui préférant les biens aux prix plus élevés. Epagine s'égare en privilégiant les éditeurs traditionnels et les libraires traditionnels font de même quand ils s'ouvrent au numérique. La France souffre bien d'un problème oligarchique !

> Naturellement, leur part de marché dépendra aussi de leur attitude lors du boom des ebooks. La Fnac continuera-t-elle à privilégier le livre papier duquel elle obtient une forte rentabilité ?

Les e-distributeurs existeront aussi ès qualité de librairies en ligne.

Bref, un auteur avec un seul livre pourra déjà difficilement effectuer l'ensemble des démarches (dont les obligations fiscales liées au statut de chacun des mastodontes) alors avec un catalogue fourni...
Pas certain en plus qu'en dehors des plateformes d'autopublication, un modeste auteur-éditeur puisse obtenir partout un interlocuteur.

Ayant souhaité obtenir une visibilité maximale (et le plus tôt possible), même sur des sites où les ventes seront infimes (quelques ventes supplémentaires peuvent permettre de continuer quand on est indépendant sur la corde raide financière), j'ai décidé de faire distribuer mes livres, donc cherché un e-distributeur accessible. J'en ai trouvé deux : Numilog, du groupe Lagardère, et Immateriel.

Confidence (2011 révision actualisation en 2012 puis 2013) : mes ebooks sont distribués, via Immateriel, sur la majorité des plateformes françaises (sauf Numilog... patientez, vous connaîtrez la raison), sur itunes d'Apple et Amazon. Ce dernier a importé dans sa base allemande les ebooks français d'amazon.com, qui furent l'unique endroit où il était possible de les acheter, en dollars, achat alors déconseillé pour les internautes dont le compte bancaire est en euros, en France, la banque prélevant des commissions exorbitantes par rapport au prix d'un livre numérique à tarif décent. Puis en octobre 2011 la France est une devenue une terre kindle !
Itunes vend des ebooks aux possesseurs d'Ipad.
Itunes et Amazon étaient déjà, en septembre 2011, les endroits où mes ebooks se vendaient le mieux... Et les premiers chiffres d'octobre amplifiaient la tendance... même si le premier soubresaut de l'ebook a surtout suscité un très grand intérêt pour mon guide l'auto-édition... en vente directe (il fut quand même classé dans le top 100 des meilleurs ventes de la boutique Kindle d'Amazon)

Faut-il en tirer une conclusion ?
Itunes pour les propriétaires d'Ipad, Amazon pour ceux du Kindle, il sera très difficile de vendre de l'ebook sans distribuer de liseuse ou tablette maison ?... Sauf Google ? (Barnes & Noble et Kobo confirment la quasi nécessité d'affronter le marché avec un appareil et un site de vente de musique, ebooks, jeux... les constructeurs de tablettes sans contenu dédié échouent lamentablement même avec des tablettes d'un rapport qualité prix pouvant rivaliser avec l'Ipad, HP ayant même cessé la fabrication un mois après son lancement... Samsung l'a compris en ajoutant le contenu à son contenant... même si sa plateforme se limite encore fin 2013 à vendre des ebooks... gratuits)

À côté de ces "grandes surfaces" du livre, de cette distribution qui deviendra classique, j'ai décidé de développer ma propre surface de vente, où les internautes peuvent acheter les mêmes ebooks, naturellement au même tarif.
Je pense que tout écrivain devrait en faire de même. (http://www.autodiffusion.fr me semblant le meilleur terme, ne m'en veuillez pas de l'avoir acquis)
Etre un indépendant professionnel, c'est donc distribuer ses livres sur un maximum de lieux de ventes et pratiquer la vente directe. Un peu comme les viticulteurs...

Arnaud Lagardère, fils de Jean-Luc ? Oui...
« *Arnaud est plus qu'un ami ! C'est un frère* »,
proclamait Nicolas Sarkozy en avril 2005.
Depuis, grand frère est devenu président...
naturellement il personnifie l'État impartial.

Lagardère se présente comme « *un groupe 100 % média comptant parmi les leaders mondiaux de ce secteur.* »

Le groupe est implanté dans près de 40 pays et « *se structure autour de quatre branches d'activités* », décrites « *distinctes et complémentaires* » :

- Lagardère Publishing : Livre et e-Publishing ;

- Lagardère Active : Presse, Audiovisuel (Radio, Télévision, Production audiovisuelle), Numérique et Régie publicitaire ;

- Lagardère Services : Travel Retail et Distribution de presse ;

- Lagardère Unlimited : Sport et Entertainment.

À noter que l'optique 100% média doit s'entendre hors participation dans la société EADS que Lagardère co-contrôle avec pourtant une participation limitée à 7,5 %.
Début 2013, Lagardère a obtenu des "conditions très avantageuses" pour vendre ses actions... rachetées par EADS... Exit

EADS... sauf au niveau judiciaire où le groupe fut renvoyé en correctionnelle le 2 décembre 2013, pour un délit d'initiés dans la vente, déjà, de titres, en 2006, deux mois avant qu'Airbus rende public un retard sur la livraison de l'A380.

Au sujet de Lagardère Publishing, sur wikipédia il est noté « *fédération de maisons d'édition unies par des règles de gestion communes, un effort concerté dans le domaine du développement numérique et une coordination stratégique face à la concurrence.* » Quand on sait l'attention des marques pour leur présentation dans cette encyclopédie, on peut valider cette approche et bien retenir « *coordination stratégique face à la concurrence* » tout comme l'effort dans le domaine numérique.

2012 : Lagardère a les moyens de ne pas redouter une alternance, même avec la défaite du « grand frère » : Aurélie Filippetti, en contrat avec une maison du groupe, intronisée Rue de Valois, et Valérie Trierweiler, toujours considérée journaliste, officie principalement à Paris-Match de chez Lagardère même avec sa tunique de compagne élyséenne...

Radiographie Lagardère Publishing... Hachette Livre

L'édition et la distribution des livres...
Deux milliards de chiffre d'affaires, c'est abstrait : le grand public n'a pas vraiment l'impression de subir du Lagardère à toutes les pages. Pourtant, il suffit d'entrer dans une librairie ou une bibliothèque, ou d'ouvrir le cartable d'un enfant, pour se noyer dans l'encre Lagardère.
Le panorama sera peut-être barbant à lire. Il le fut à rédiger ! Mais il est nécessaire pour argumenter correctement : la crainte n'est pas un phantasme mais repose sur des réalités.
Chaque maison semble avoir conservé un style, une identité propre (avec des règles de gestion communes !) permettant au Groupe d'occuper de nombreux créneaux.

L'Édition

Selon la présentation officielle du site lagardere.com au 10 septembre 2011, « *Lagardère Publishing, dont Hachette Livre est la marque d'édition, a vu ses performances financières baisser en 2010 suite au déclin prévisible du phénomène Stephenie Meyer.*
La branche du Groupe a su néanmoins dégager un résultat opérationnel supérieur à celui de 2008 - année de la montée en puissance du phénomène Twilight - dans un marché mondial de l'édition en stagnation ou en repli.

2010 a par ailleurs été l'année de l'essor du livre numérique téléchargeable, dont les ventes ont doublé aux États-Unis pour atteindre 10 % du chiffre d'affaires au mois de décembre 2010. »

http://www.lagardere.com/activites/lagardere-publishing-999.html

Néanmoins, avec 15 802 nouveautés (5,7 par jour, de quoi submerger même les grandes surfaces) : 2 165 millions d'euros de chiffre d'affaires pour 250 millions d'euros de résultat opérationnel. Un résultat opérationnel flirtant avec les 12% ! Une comparaison avec le montant des droits d'auteur versés aurait été intéressante... chiffre introuvable.

Beigbeder a beau "occuper les médias", il ne doit pas représenter grand-chose dans le chiffre d'affaires, même une goutte d'encre par rapport à Stephenie Meyer.

Littérature...

Dans le secteur de la Littérature générale en France, Hachette met en exergue ses fleurons :

- *Grasset*, la maison créée en 1907, avec un catalogue de 3500 titres et 160 nouveautés à l'année. Grasset s'honore de références : André Malraux, François Mauriac, Henry de Montherlant, Paul Morand, Franz Kafka, Stefan Zweig ou Thomas Mann.

Bernard Grasset a effectivement marqué le monde de l'édition française.

Même s'il reste surtout célèbre pour avoir uniquement proposé, en 1913, un contrat à compte d'auteur à Marcel Proust dont *Du côté de chez Swan* avait certes déjà été refusé au *Mercure*, chez *Ollendorf* et chez *Fasquelle*.

En 1954, Bernard Grasset céda le capital de sa maison à Hachette, et la présidence à son neveu, Bernard Privat. En 1967, ce fut la fusion avec les *Editions Fasquelle*.

Dans les auteurs contemporains, Pascal Quignard perpétue la tradition des écrivains à œuvres.

- *Stock*, la maison créée en 1708, avec un catalogue de 1300 titres et 80 nouveautés à l'année. Editeur historique des Cocteau et Apollinaire. Dirigée (jusqu'au ultimes instants de sa vie) par monsieur Jean-Marc Roberts, personnage intéressant à décrypter.

- *Fayard*, la maison créée en 1857, avec un catalogue de 6200 titres et 300 nouveautés à l'année. Ayant "absorbé" *Mazarine* (100 titres au catalogue), *Pauvert* (200 titres au catalogue et 5 nouveautés annuelles ; éditeur de Sade et Loana), *Mille et une nuits* (800 titres au catalogue et 30 nouveautés par an), et récemment (2010), la collection de poche *Pluriel* (500 titres au catalogue et 40 nouveautés par an).

- *J.-C. Lattès*, la maison créée en 1968, avec un catalogue de 1000 titres et 90 nouveautés à l'année. Marc Dugain et Delphine de Vigan.

Mais aussi l'éditeur français de Dan Brown, James Patterson et Stephenie Meyer versant adulte.

- *Le Masque*, créée en 1927, avec un catalogue de 600 titres, et 40 nouveautés à l'année. La maison de l'œuvre d'Agatha Christie en français, se consacre exclusivement à la littérature... policière.
Désormais Philip Kerr, Don Winslow, Ian Rankin ou Denise Mina.

- *Calmann-Lévy*, créée en 1836, avec un catalogue de 1565 titres, et 100 nouveautés à l'année. Balzac, Flaubert, Hugo, Stendhal...

- *Editions n°1*, créée en 1977, avec un catalogue de 170 titres, et 5 nouveautés à l'année.

- *Le Livre de Poche*, créée en 1953, avec un catalogue de 5000 titres. Et désormais 400 nouveaux titres à l'année.

- *Editions Harlequin*, créée en 1978. Cette filiale à 50 % de Hachette Livre, a écoulé près de 465 millions de livres depuis son implantation en France voici trente ans. De la littérature sentimentale et romantique... qui s'est aussi installée dans les créneaux du thriller, du suspense et de la Fantasy, avec la même recette.

Éducation...

Le secteur "Éducation", où il ne faut pas en douter : « *Partout où elles sont implantées, les maisons d'édition scolaires de Hachette Livre accompagnent élèves et enseignants de tous niveaux...* »

Hachette Education, un catalogue de 4500 titres et 500 nouveautés chaque année.

Hachette Français Langue Étrangère, un catalogue de 500 titres et 60 nouveautés chaque année.

Hatier, créée en 1880, un catalogue de 2430 titres et 340 titres nouveautés chaque année.

Editions Didier, créée en 1898, un catalogue de 1200 titres et 50 nouveautés chaque année.

Foucher, créée en 1937, un catalogue de 1300 titres et 250 nouveautés chaque année.

Dunod, créée en 1858, un catalogue de 3000 titres et 450 titres nouveautés chaque année.

Armand Collin, créée en 1870, un catalogue de 1500 titres et 160 nouveautés chaque année.

Hachette Livre International, créée en 2002, un catalogue de 900 titres et 120 nouveautés chaque année.

Edicef, créée en 1971, un catalogue de 900 titres et 90 nouveautés chaque année.

Hatier International, un catalogue de 600 titres et 30 nouveautés chaque année.

Mais aussi *Larousse*.

Jeunesse

Hachette Livre s'honore d'une grande légitimité dans la littérature pour enfants, avec des titres de noblesse : créateur la Bibliothèque rose au XIXème siècle, éditeur historique de monsieur... Babar !
Et qu'on le sache « *les éditeurs jeunesse évoluent au gré des tendances.* »

Hachette Jeunesse depuis 1852, avec les anciens héros du *Club des Cinq*, à *Oui-Oui*, en passant par le monsieur *Babar*, et de nouveaux, forcément !

Le Livre de Poche Jeunesse, depuis 1979, c'est désormais 900 titres, agrémentés d'une cinquantaine chaque année.

Gautier Langereau, qui publie 90 titres chaque année.

Hachette Jeunesse Roman présente 1000 titres à son catalogue et semble viser 250 nouveautés chaque année !

Hachette Jeunesse Collection Disney, 400 titres au catalogue, 160 nouveautés chaque année !

Hachette Jeunesse Image, 2500 titres au catalogue, 300 nouveautés chaque année !

Didier Jeunesse (une maison récente, de 1988) avec 130 titres au catalogue et 25 nouveautés chaque année.

Rageot, 300 titres au catalogue et 20 nouveautés chaque année.

Illustré

Le livre illustré : du livre pratique aux guides de voyage, de la bande dessinée aux « beaux livres. »

Hachette Pratique, depuis 1987, avec un catalogue de 500 titres et 200 nouveautés prévues chaque année. Gastronomie, bien-être, bricolage, et le *Guide Hachette des vins.*

Chêne, depuis 1941, avec un catalogue de 580 titres. 160 nouveautés prévues chaque année. Beaux arts, photographie, mer, voyage, art de vivre, nature, cuisine...

Hachette Tourisme, depuis 1841, avec un catalogue de 400 titres. 22 nouveautés par an. Guides de tourisme, dont le *Guide du Routard.*

EPA, depuis 1996, avec un catalogue de 80 titres. 15 nouveautés par an.
Les beaux livres sur l'automobile à la base, désormais « *l'art de vivre au masculin.* » (pas

le mien ; une collection dirigée par le bel homme moderne Beigbeder s'imposerait)

Hazan, depuis 1949, un catalogue de 390 titres. 50 nouveautés par an.
Livres d'art, dictionnaires, essais, guides didactiques... et une collaboration avec de grands musées, du Louvre à Orsay, en passant par l'institut du monde Arabe, pour l'édition des catalogues d'exposition.

Marabout, depuis 1949, un catalogue de 1200 titres. 350 nouveautés par an.
Art de vivre, comme ils écrivent ! Cuisine, éducation, santé, psychologie...

Larousse, depuis 1852, un catalogue de 330 titres. Et 110 nouveautés par an prévues.
Dictionnaires et encyclopédies... avec désormais livres pratiques, sur les animaux domestiques, la santé, le bricolage, le jardinage, la cuisine, la médecine.

Dessain et Tolra, depuis 1964, un catalogue de 120 titres. 20 nouveautés prévues par an.
Les loisirs créatifs, beaux-arts et décoration (aquarelle, macramé, céramique...).

Pika Edition. Créée en 2000, chez *Hachette Livre* depuis 2007, et déjà un catalogue de 800 titres. 190 nouveautés prévues par an. Le troisième éditeur de mangas en France.

Et désormais *Les Editions Albert René.* En totalité depuis 2011. Vous ne connaissez peut-être pas les *Éditions Albert-René*. Pourtant, elles ont semblé représenter un enjeu majeur pour *Hachette Livre*. Des œuvres cachées de Marcel Proust ? L'éditeur de Paul Auster ? Il s'agit de l'éditeur des albums d'Astérix réalisés par Albert Uderzo après la disparition de son partenaire René Goscinny (Paul Auster est édité en France chez *Actes Sud*). Editeur possédant les droits dérivés et cinématographiques de l'ensemble de l'œuvre.

« Astérix est un des rares phénomènes mondiaux d'édition avec ses 330 millions d'albums vendus en 107 langues et dialectes. »

Le 17 mars 2011, un communiqué de presse annonçait la grande nouvelle : *HACHETTE LIVRE* a acquis auprès de Sylvie UDERZO l'intégralité de sa participation de 40% dans les *Editions Albert René*.

« Par cette opération Hachette Livre contrôle désormais 100% du capital des Editions Albert René et donc l'ensemble des droits liés à l'œuvre d'Astérix (édition, audiovisuel, merchandising ...). »

Fin d'une longue opération : en décembre 2008 on apprenait l'achat par *Hachette Livre* à Albert Uderzo de sa participation de 40% dans les Editions Albert René, et à Anne Goscinny (fille de René Goscinny), sa participation de 20%.

« Hachette Livre a par ailleurs acquis auprès de Anne Goscinny et d'Albert Uderzo les droits

d'édition des 24 albums d'Astérix publiés du vivant de René Goscinny pour la durée de la propriété littéraire et artistique et le monde entier. »

Arnaud Nourry, déclarait : « *Hachette Livre et ses équipes sont très fiers de se voir confier ce pilier de la culture populaire qui transcende les territoires et les générations. J'en prends l'engagement devant Albert Uderzo et Anne Goscinny : Astérix sera encore une star dans 100 ans.* »

Monsieur Arnaud Nourry est un grand spécialiste des prédictions, comme nous le verrons avec le livre numérique et son exceptionnelle capacité à se projeter « dans cinq ans. » Alors cent ans !

Astérix, très significatif de l'exigence littéraire chez Lagardère ? Divertissement. « *Culture populaire* » dans un sens très connoté. Peu importe le contenu pourvu qu'on ait les revenus. Frédéric Beigbeder dans le rôle d'Astérix, quel superbe casting !

Les *Editions Albert René* est une maison créée par Albert Uderzo en 1979, deux ans après la mort de René Goscinny, pour continuer à produire Astérix (visiblement suite à un contentieux avec l'éditeur Dargaud). Dans le secteur de l'auto-édition, il convient donc d'incorporer les *Editions Albert René...* Le temps travaille pour les mastodontes. Ils nous survivront, nous récupéreront sûrement si nous devenons des morts rentables...

Il s'agit uniquement d'un panorama des maisons majeures... de quoi occuper l'ensemble des tables des librairies, étagères également, et même le garage du patron.

La Distribution

Dans l'édition de livres en papier, un métier est méconnu du grand public, et pourtant central : la distribution ; ou comment arrivent dans les points de vente certains livres, et pas d'autres.

Il existe des distributeurs régionaux, qui logiquement fournissent les points de ventes de la région, et des distributeurs nationaux... Pour placer des livres dans les grandes surfaces, genre Carrefour ou Leclerc, mieux vaut passer par un distributeur national.

Le Carrefour de Cahors m'a pris une fois des livres en direct, l'essai sur l'Amour, ils se sont rapidement vendus. Mais le responsable du rayon a « changé d'employeur » et depuis cette exception ne s'est pas reproduite : il m'a été conseillé de contacter la centrale d'achat... qui travaille avec les distributeurs...

Je me suis naturellement renseigné sur les conditions d'un distributeur... J'ai redouté de perdre de l'argent et préféré continuer mon artisanat.

Hachette Livre possède « le Centre de Distribution du Livre », *CDL*, implanté à Maurepas dans les Yvelines. Une offre d'emploi du site *Hachette* explique : « *Chaque année, 180 millions (!) de volumes passent ici, livrés à plus de 20 000 clients (librairies, Relay, grandes surfaces…).* »

Dans son approche « Distribution », le site hachette.com, explique :

« *Le métier d'éditeur ne serait rien sans celui de distributeur. Publier, c'est faire parvenir le livre jusqu'à son lecteur au moment et dans le lieu de son choix : librairie, grande surface spécialisée, maison de la presse, hypermarché.* »

Dois-je résumer par : mon métier d'éditeur n'était rien car je n'avais pas de distributeur ?

Si Hachette l'affirme, c'est sûrement vrai : « *La facturation, le transport, la gestion des retours contribuent à faire de la distribution un maillon stratégique de la chaîne de valeur du livre. Le livre numérique a lui aussi besoin d'être distribué, ce qui nécessite un savoir-faire et des infrastructures différents.* »

Un maillon stratégique ? Quelle stratégie, monsieur Lagardère ? Produire toujours plus pour que les autres ne représentent qu'une goutte d'eau et soient invisibles des acheteurs ? Monsieur Arnaud Nourry garant de la réputation de son groupe : « *Habitués à tort à se méfier d'Hachette, mes confrères* [éditeurs]… »

Retour à Maurepas, où Le Groupe dispose d'un centre de 50 000 m2, « *qui assure la distribution des ouvrages de tous les éditeurs français du Groupe, ainsi que d'une soixantaine d'éditeurs tiers. »*

Cette plateforme s'appuie sur des centres régionaux, et « *chaque jour la plateforme manipule un million d'ouvrages et délivre 15 000 à 20 000 colis dans toute la France.* »

(un million d'ouvrages quotidiennement peut sembler incroyable mais l'édition française fabrique environ 500 millions de livres imprimés chaque année dont 400 millions sont vendus et 100 millions détruits, le pilon, voir http://www.festivaldulivre.info)

Comme quoi, être présent partout, était bien impossible pour un modeste indépendant ! Quelles conditions sont imposées à la « *soixantaine d'éditeurs tiers* » ?

Pour le versant distribution numérique, Hachette Livre a mis la main en 2008 sur une perle du secteur : Numilog, société créée en avril 2000 par monsieur Denis Zwirn, toujours patron.

Lagardère déjà très impliqué dans le livre numérique...

Si, en France, au sujet du livre numérique, nous sommes habitués aux déclarations passéistes de monsieur Antoine Gallimard, le Groupe Hachette a assimilé une chose : l'ebook sera une réalité. Et ne comptez pas sur Lagardère pour combattre des moulins à vent : peu importe l'organisation du marché des écrits, pourvu qu'il engrange les bénéfices, semble être la devise.
Depuis 2007, au moins, *Hachette Livre* s'efforce de trouver un modèle économique numérique durable. (Arnaud Nourry dans *Le Monde*, 31 octobre 2009)

Tandis qu'Antoine Gallimard et le SNE cherchent les moyens de maintenir l'édition papier, le groupe Lagardère semble complètement tourné vers la mutation numérique et les moyens de la rentabiliser. Même si quelques « médiatiques show-men » semblent apporter une caution à l'ensemble des confrères sur le « tous ensemble » du combat anti-ebooks. Le livrel ne passera pas par la France. Comme le nuage de Tchernobyl !

Lagardère pragmatique : ainsi, en 2010, quand Antoine Gallimard refusait de signer avec Apple pour l'iBookstore, Hachette Livre s'empressait de le faire.
Ainsi, le 28 juillet 2011 Google et Hachette

Livre ont annoncé la signature d'un accord définitif sur les conditions de la numérisation par Google de certaines œuvres en langue française dont les droits sont contrôlés par Hachette Livre. Qu'en pensent les auteurs (ou ayants droit) de ces livres qui seront numérisés ? Comment leur sera présentée « l'affaire » pour obtenir leur signature ? En prétendant qu'ainsi, des livres épuisés auront une nouvelle vie ? En leur précisant qu'ils peuvent refuser et gérer eux-mêmes leur catalogue numérique, sans en partager les bénéfices avec Google et Lagardère ?

Contrairement à ses collègues franco-français, Hachette bénéficie de l'expérience américaine, où visiblement il fut débordé par la rapidité de la mutation (en avril 2011, Amazon a commencé à vendre plus d'ebooks que de livres papier alors qu'en octobre 2008, Arnaud Nourry pronostiquait qu'en 2013 *le numérique représenterait 5 % de l'activité de son groupe aux Etats-Unis)* mais s'adapta sans état d'âme. Les analyses, les prospectives, n'engagent que ceux qui les écoutent ! Chez *Hachette Livre* le pragmatisme semble primer. Ce qui n'est pas une faute ! Mais quand les journalistes invitent un dirigeant à s'exprimer, on aimerait plus de répondant, et surtout un rappel des analyses totalement erronées.

C'est un auteur Hachette Livre qui fut le premier, en juillet 2010, à franchir la barre symbolique du million d'ebooks vendus : James Patterson.

Et moins d'un an plus tard, le chiffre de 3 035 713 ebooks vendus était annoncé par Hachette Book Group. Le communiqué précisait « *sur Facebook James Patterson compte plus de 1,6 million d'amis, rejoints chaque jour par des milliers d'autres.* »

Encore loin de Jésus quand même !

« *Les éditeurs jeunesse évoluent au gré des tendances.* » Et si cette phrase concernait l'ensemble du Groupe ?

Verbatim d'Antoine Gallimard

"Nespresso de la culture", c'est l'expression phare de l'héritier Gallimard pour qualifier l'iPad. Dans son microcosme, on ignore que le Nespresso est parfois préféré au café, certes peut-être pas aux cafés millésimés de certains ?...

Une merveilleuse interview d'Antoine Gallimard, pour l'Histoire, sur *Le Point.fr* du 9 juin 2010.
Justification du refus de Gallimard de signer avec Apple et iBookstore alimentant l'Ipad :
« *Il faut organiser une offre numérique légale attractive. On regarde d'ailleurs Apple avec un œil beaucoup plus favorable que Google, qui est en train également d'élaborer sa librairie. Mais notre souci, ici, reste de préserver un ensemble de boutiques en ligne. Il n'est pas question d'avoir qu'un seul fournisseur de contenus. C'est comme s'il n'y avait qu'une seule librairie en France.* »
Etait-ce vraiment le sujet ? Apple n'exigeait aucune exclusivité !

- D'un point de vue technique, quels seraient les dangers de l'iPad et de l'iBookstore ?
- *C'est surtout sur la modalité de lecture que réside le danger. Apple impose, à la lecture, un format : le e-pub. Ce format donne la possibilité au lecteur de changer, à sa guise, la topographie du texte ou d'un livre (sa taille de caractère ou l'emplacement d'une image,*

etc.). Du coup, *tous les efforts traditionnels et historiques de l'éditeur dans la conception d'une page ou d'un livre disparaissent. La numérisation risque ainsi de dévaloriser le contenu.*

Autre grande critique : la proposition d'ebooks :
« *Dès que vous commandez un ouvrage, elle* [la librairie d'Apple] *enregistre votre choix. Du coup, dès qu'un livre sort dans cette catégorie, elle ne vous propose que celui-là.*
On perd tout le libre arbitre qu'on pouvait avoir avec la librairie traditionnelle. »

Il est vrai que dans la librairie traditionnelle, vous ne risquiez pas qu'on vous propose des livres d'auteurs indépendants ! Et la maison Gallimard a souvent une table réservée, le conseil du libraire se limitant à l'alimenter !

Antoine Gallimard était alors candidat à la présidence du SNE.
Ses grands dossiers : « *les œuvres dites épuisées, orphelines, les problèmes de droits d'auteurs, le prix unique, etc. Ma position est claire : il faut être très attentif au rapport entre l'offre et la création. Il faut un respect des droits d'auteur, et que les auteurs comprennent également l'importance du rôle de l'éditeur.* »

Oui, monsieur Gallimard considérait indispensable que « *les auteurs comprennent l'importance du rôle de l'éditeur.* »
Cette remarque me fait penser à Simenon

déclarant « *je déteste que l'écrivain soit frustré d'une grosse partie de son travail et du fruit de son travail par des gens qui gagnent beaucoup plus que lui-même. Vous connaissez beaucoup d'éditeurs qui ont des châteaux, des hôtels particuliers etcetera ; voulez-vous compter sur les doigts le nombre d'écrivains qui en ont ? »*

Dans *le Monde*, l'édition du 21 janvier 2011, un article d'Antoine Gallimard, permettant un point d'étape sur l'état des forces en présence dans ce combat de la nouvelle édition.

Ce n'est pas une surprise mais il est intéressant de noter la manière dont monsieur Gallimard explique comment ça se passe pour les écrivains... Ils se font avoir... selon moi.
Alors qu'ils peuvent conserver les droits numériques des livres édités en papier, ils semblent signer pour un taux identique à celui du support "historique". Quant aux nouvelles parutions, ils n'ont même pas à discuter... Comme avant pour l'édition en papier. Combien d'auteurs négocient vraiment leur taux de droits d'auteur ?

« Les éditeurs intègrent au contrat d'édition une clause ou lui adjoignent un avenant portant sur les droits numériques.
La grande majorité des auteurs confient ainsi les droits numériques de leur livre à leur éditeur.
Plusieurs dizaines de milliers d'avenants ont été conclus, sans compter les contrats

d'édition pour les nouveautés qui incluent depuis longtemps déjà des clauses sur les droits numériques. »

J'imagine :
- Cher auteur rentable, j'accepte d'éditer votre nouveau roman. Voici le contrat... Tenez, avant, une petite formalité, les avenants sur les droits numériques pour les précédents ouvrages que nous avons eu le plaisir d'éditer.
L'auteur a suffisamment de lucidité pour répondre :
- Signons d'abord pour ce nouveau roman, nous discuterons ensuite de mes précédents livres, des droits numériques qui m'appartiennent.
Ou l'auteur tient tellement à voir publié son nouveau roman qu'il ne va pas remettre bêtement en cause cet accord en refusant de signer pour des droits numériques dont il ne sait pas comment il pourrait autrement tirer plus de revenus ?

Et sur le taux :

« Que proposent les éditeurs à leurs auteurs pour l'exploitation numérique de leurs livres ? Malgré le contexte d'incertitude du marché et les investissements qu'ils font, les éditeurs proposent à leurs auteurs des taux de rémunération au moins égaux à ceux du livre imprimé, en retenant de plus en plus

fréquemment le "haut de la fourchette" de ces taux et en l'asseyant sur le prix public (et non sur leur chiffre d'affaires net). »

Pour justifier ce taux :

« Avant de parler de juste répartition, encore faut-il pouvoir mesurer la réalité financière de ce marché.
Pour honorer son engagement contractuel de diffuser et faire connaître les oeuvres sous forme numérique sur tous les réseaux, l'éditeur doit investir en recherche & développement dans ce nouveau métier.
Contrairement à l'idée reçue, l'édition numérique fait apparaître de nouveaux coûts pour l'instant non maîtrisés.
Il ne s'agit plus seulement de fournir des fichiers numérisés des oeuvres, mais d'assurer leur protection et leur diffusion au travers de plates-formes complexes et variant selon les environnements technologiques.
C'est un nouveau circuit qu'il s'agit de maîtriser, tout en tenant compte de l'ensemble des canaux de distribution, en particulier celui de la librairie.
Quant à l'absence de stocks physiques, toujours mise en avant, elle ne signifie pas la disparition des frais de fabrication (préparation, composition, correction...), de diffusion, de promotion ou de distribution. »

Les avenants signés spécifient, selon l'indication, un taux et non un taux révisable.

Il aurait été plus cohérent d'utiliser une nouvelle approche en partageant les revenus entre l'éditeur et l'auteur mais l'éditeur se garde ainsi tout ce qui pourrait être économisé dans cette nouvelle chaîne de distribution du livre. C'est sûrement un peu à monsieur Gallimard que répondait M. David Assouline, au Sénat, le 29 mars 2011 : « *Quand je vois les éditeurs s'insurger contre une petite phrase sur « la rémunération juste et équitable des auteurs », je me dis que les masques tombent. (...) Avec le numérique, nombre de coûts vont être atténués, du papier à l'imprimerie et au stockage, on pourrait donc se préoccuper enfin des auteurs. Et on nous dit « Oh non, surtout pas » ! (...) À l'heure actuelle, 55 % de coût du livre représente la distribution, 15 % l'impression, 20 % l'éditeur et 10 % l'auteur. Avec le livre numérique, l'éditeur touchera sept fois plus que l'auteur ! (...) Les éditeurs japonais, américains, canadiens m'ont dit la même chose : le numérique réduit de 40 % les coûts d'édition.* »

Paroles, écrits de monsieur Arnaud Nourry

Au sujet du prix des ebooks

Lors du lancement par Sony du *Reader*, le patron de Hachette Livre était très généreux : il avait décidé d'« *offrir un rabais de 10% sur les livres numériques par rapport aux livres imprimés.* » (*Le Point*, 24 octobre 2008 où il ajoutait « *Aux États-Unis, le consensus des éditeurs se situe à - 20 %. Chez nous, c'est - 10 %...* »)

Dans le *bibliobs* du nouvelobs.com, le 27 mai 2010, le même, interrogé à l'occasion de l'arrivée de l'iPad d'Apple en France, « *Aux Etats-Unis, les versions numériques sont vendues 14,99 dollars - ou 12,99 dollars pour les best-sellers - contre de 17 à 30 dollars pour les versions imprimées.*
Soit une réduction de 25% sur les best-sellers, et de quasiment 50% sur les autres titres.
C'est un avantage important mais justifié, puisque les coûts de fabrication sont inférieurs et que la lecture électronique n'est pas naturelle : à prix égal, la plupart des gens préfèrent le papier.
Il faut donc consentir un avantage au lecteur pour déclencher l'achat.
En France, il faut que nous visions pour le numérique des tarifs de 20% à 25% inférieurs aux tarifs des livres traditionnels. »

10%, 20 à 25%... mais avec, quand même, en tête les 50% américains... Et la lucidité sur « *les coûts de fabrication inférieurs.* »

Viser 20 à 25% de remise en sachant pertinemment indispensable de s'adapter pour être rentable à 50%.

Impression : peu importe ce qu'in fine encaisseront les écrivains pourvu que Lagardère les tienne en contrat et soit ainsi hyper-rentable.

Les écrivains seront priés de se bouger un peu plus pour vendre plus. Travailler plus pour gagner plus ! Quant aux employés... seront-ils tous encore nécessaires ?

La part de marché du livre numérique...

Au moment du rachat de *Numilog*, dans *le Figaro* du 6 mai 2008 : « *Le téléchargement de livres ne représente pas encore grand-chose. D'ici à cinq ans, il pourrait peser entre 1 % et 5 % du marché de l'édition grand public. (...) Dans notre métier de l'édition grand public - littérature générale, scolaire, illustré, pratique, jeunesse… -, le livre n'est pas sous la menace d'un transfert numérique massif. Depuis dix ans, les lecteurs n'ont pas montré un appétit débordant pour consommer le livre en format numérique. Ils n'ont pas non plus adopté en masse le cédérom. On continue à apprendre à lire dans des manuels scolaires imprimés. Il faudra au moins deux générations avant de connaître un réel basculement !* »

Quelques mois plus tard, lors de la sortie du Reader de Sony, Arnaud Nourry pourtant partenaire de l'opération, confirmait dans *Le Point*, du 24 octobre 2008 :
« *Aujourd'hui, 0,5 % de notre chiffre d'affaires américain provient de ce secteur émergent. Nous pensons que dans 5 ans, le numérique représentera 5 % de notre activité.* »

Dans le bibliobs du *nouvelobs.com* du 27 mai 2010 :
« *Je pense donc que le numérique ne prendra pas plus de 15% du marché de l'édition dans les cinq ans qui viennent.*
Et comme ces 15% se répartiront entre de nombreux distributeurs, ils ne représenteront pas une part inquiétante de notre chiffre d'affaires. »

Au premier trimestre, Hachette Etats-Unis avait réalisé 8% de son chiffre d'affaires avec des ouvrages numériques - essentiellement en littérature générale.

Un an plus tard, le communiqué de presse du 3 mai 2011, sur les performances du Premier trimestre 2011, ne rappellerait pas ces chiffres ni prévisions : malgré une baisse du chiffre d'affaires à fin mars (de 9,8 % en données brutes et de 10,4 % en données comparables, en raison essentiellement des fortes ventes de la saga de Stephenie Meyer début 2010)... « *Le dynamisme des ventes de livres numériques est notable : + 88 % par rapport au 1er trimestre 2010, représentant* de l'ordre de 22 % du chiffre d'affaires aux États-Unis et 5 % au Royaume-Uni. Ce phénomène est la conséquence du niveau très élevé des ventes de liseuses numériques en fin d'année. »

Hé oui, quand les liseuses se vendent, les ebooks suivent !

Dans les perspectives de ce document : « *Le livre numérique continuera à progresser aux États-Unis, bien qu'à un rythme moins soutenu qu'au premier trimestre, pour atteindre 15 % à 20 % du chiffre d'affaires. Il pourrait atteindre 5 % à 10 % au Royaume-Uni en 2011.* »

Les résultats du premier semestre étaient donc attendus !
« *Forte progression du livre numérique dans les pays anglo-saxons : aux États-Unis et au Royaume-Uni, le livre numérique représente respectivement 20 % et 8 % du chiffre d'affaires "Ouvrages à destination du grand public" au 1er semestre 2011, soit un doublement en un an.* »

Commentaire très intéressant de l'activité 2011 par Arnaud Nourry, Président-Directeur Général de Hachette Livre : « *Un des défis principaux de l'année consistait à sauvegarder les marges dégagées par les activités numériques pour que la rentabilité globale de Hachette Livre ne souffre pas de la contraction du chiffre d'affaires induit par les prix de*

vente des e-books (inférieurs de 30 % en moyenne à celui de leurs équivalents imprimés), alors que ceux-ci mordaient largement sur le marché des livres traditionnels.
Le "découplage" entre le chiffre d'affaires et les marges en numérique a été effectué avec succès. »

Avec un prix inférieur de 30% pour l'ebook par rapport à la version en papier, Hachette conserve des marges appréciées des actionnaires. Les auteurs sourient ?

Le même, en 2013 : « *Un des défis de 2012 était de continuer à contrôler le prix de vente public de nos e-books aux États-Unis et au Royaume-Uni de façon à protéger nos marges, malgré la pression exercée par les plates-formes de vente par Internet. Cette politique, pratiquée par tous les groupes d'édition internationaux, a été contestée par le Département américain de la Justice et par la Commission européenne, qui y ont vu une tentative d'entente sur les prix.*
Un accord à l'amiable a permis de mettre fin au contentieux.
Mais le principal défi de 2012 consistait à trouver le ou les titres susceptibles de prendre le relais de nos best-sellers internationaux de 2011, voire de la série Twilight. Le fait que J.K. Rowling, l'auteure de la saga Harry Potter, ait choisi de faire confiance à plusieurs éditeurs de la branche du Groupe atteste de la

capacité de Hachette Livre à attirer les talents les plus réputés et à les publier avec succès sur plusieurs territoires majeurs.

En 2013, Hachette Livre devra continuer à optimiser le retour sur investissement de chaque titre publié, sans renoncer à la diversité éditoriale et à la prise de risque qui sont sa marque de fabrique. »

Pour 2012, http://www.hachette.com/chiffres-cles.html résume :

14 926 nouveautés

7 104 collaborateurs

2 077 millions d'euros de chiffre d'affaires

223 millions d'euros de résultat opérationnel.

Lagardère (versant édition) avance ! La crise, il ne la subit pas... mais tout le monde est-il satisfait de cette réussite ?

L'édition chez Lagardère...

« *Nous pouvons publier un livre quelques jours après avoir reçu le manuscrit. Nous pouvons faire écrire un livre en quelques semaines par une équipe de rédacteurs, voire en quelques jours. Et nous ne nous en privons pas.* »

Certes, ensuite, un hommage aux Livres était rendu :
« *Je ne dis pas que nous, les éditeurs, devrions tourner le dos à tous ces livres d'actualité qui sont si nécessaires à notre équilibre économique et si follement amusants à publier -- enfin, quelquefois.*

Ce que je veux dire est essentiel à notre survie dans le monde de la culture et à notre contribution à la cause de la démocratie : en cette époque de numérique-roi, le temps est notre allié et devrait être considéré comme un avantage compétitif, et non comme un handicap. Car crées [selon le communiqué de presse ; « créés » peut-être ?] *dans le temps long, seuls les livres rendent justice à la complexité, aux nuances et aux émotions qui sont le propre de l'Homme.* »

Arnaud Nourry, le 26 avril 2011, à la soirée de gala annuelle du *PEN Club american center*, New York.

Du contenu pour faire du fric et quelques Livres cautions littéraires... c'est bien cela ?

Quand monsieur Arnaud Nourry s'exprime, il semble nécessaire d'essayer, d'abord, de comprendre la visée des propos : est-ce réellement pour communiquer sa pensée, l'état de la réflexion du groupe Hachette, ou pour endormir des partenaires ou / et concurrents ?

Jean-Marc Roberts, électron libre ou intervenant télécommandé ?

Stock fut l'éditeur de Françoise Sagan... faut-il simplement en conclure que monsieur Jean-Marc Roberts essaye d'atteindre sa clarté à l'oral faute de posséder sa plume ? Ne dramatisez pas : juste une petite réplique pour essayer d'égayer mon clavier avec une célébrité lotoise.

Jean-Marc Roberts, il faudrait le laisser s'exprimer plus souvent. À croire que chez Lagardère, on ne le sort qu'à la mi-août pour rappeler à tout le monde la trêve estivale, l'autorisation de délirer un peu avant de replonger dans « les œuvres. »
Le 18 août 2009, sur *France-Inter*, monsieur Jean-Marc Roberts lançait sa théorie sur l'ebook : « *juste bon pour les SDF.* » Forcément ! Quand on réussit sa vie, on a une Rolex et une pièce suffisante pour stocker l'ensemble de ses livres, et si l'envie vous prend de feuilleter une œuvre précise alors qu'on se repose sur un banc du parc Montsouris, il suffit de prier son chauffeur de se rendre à la librairie la plus proche pour en acquérir un nouvel exemplaire.

Le 17 août 2011, cette fois presque chez lui, chez ses collègues d'*Europe 1*, ce fut d'abord une banale attaque contre « *ces petites machines que l'on voit partout que l'on appelle ordinateurs.* » Mais le meilleur allait suivre : «

Je vous avoue mon inquiétude. Je ne suis pas d'habitude très pessimiste, je suis plutôt "allez on y va, on positive, etc.", mais là, la première chose qu'il faut dire, c'est que certains libraires indépendants - les petits, les moyens, les grands aussi, sont en danger de mort. On peut publier autant de livres que l'on veut, si les gens ne retournent pas en librairie... » Comme on le sait, chez Hachette, on a toujours soutenu les petites librairies qui vous vendent des livres ardus comme les édite le Groupe...

Et pour une suite logique à la loi Lang sur le prix unique, plus contraignante que celle sur l'ebook, il invite à se « *battre pour un lieu unique.* »

Jean-Marc Roberts, faisant fi de la trêve législative, aurait bien exigé que l'ami de son ami, l'ami de son grand patron, le Nicolas d'Arnaud 1, convoqua immédiatement l'assemblée pour qu'en septembre la France devienne une forteresse imprenable par AGAK : une loi pour obtenir un monopole de la vente du livre : « *le lieu unique c'est la librairie, c'est pas la vente en ligne. La vente en ligne, moi je crois que c'est ça qui va peu à peu détourner le vrai lecteur de son libraire, et donc de la littérature.* »

Le vrai lecteur, pas le faux lecteur perdu dans un ebook de ce genre ! (même deux ans plus tard disponible en papier) Et si Amazon ou la Fnac s'amusaient à déréférencer Hachette durant un mois, juste pour voir !

[Arnaud Nourry au "Buzz Média Orange-Le Figaro" du 13 octobre 2013: « *Amazon est le premier client de Hachette Livre au niveau mondial, c'est donc un partenaire essentiel.* »]

Il faudrait aussi interdire les ordinateurs, peut-être, car enfin : « *le temps de cerveau disponible est beaucoup moins important, et malheureusement que ce soit pour les radios, pour les éditeurs, pour les libraires, je pense qu'il y a tout un temps consacré à aller sur un blog, choper une info, un scoop, une rumeur qu'on n'a pas... les gens passent deux à trois heures quotidiennes de leur vie à faire ça et pendant ce temps-là ils ne lisent pas.* » Signé l'homme d'août.

Mais... et s'il s'agissait vraiment des derniers hurlements d'un homme à l'agonie ? Les états d'âme du patron d'une petite maison dépassé par les perspectives Hachette ? Ou alors... serait-ce une posture à destination des libraires et autres éditeurs, dans le grand jeu de séduction Lagardère, destiné à montrer que tout le monde est dans le même bateau ? (et un jour, Lagardère proposera de racheter l'ensemble du bateau ?)

Jean-Marc Roberts préparait les esprits à la grande tirade de Cyrano de Bergerac de Beigbeder ?

Car finalement, ces propos ont une certaine cohérence avec ceux de décembre 1998, retrouvés sur de vieilles notes (eh oui, avant Internet, il était utile de prendre des notes...

cet article n'est pas en ligne, il fut publié le 17, dans le numéro 737 de *l'évènement du Jeudi*, dont les plus jeunes blogueurs n'ont peut-être jamais entendu le nom ; il s'agit de l'ancêtre de *Marianne*, déjà créé par Jean-François Kahn) : « *l'un des problèmes du système de l'édition, c'est la rotation des stocks. Un auteur travaille pendant des années un texte dont le sort va se jouer en deux semaines (...) Personne n'ose le dire, mais je vais vous le dire : il n'y a pas trop de livres, il y a trop d'éditeurs... ce sont en plus des maisons où les gens sont mal payés, les auteurs mal distribués... Le pire, c'est que les éditeurs qui ont pignon sur rue se sont mis, du coup, à trop publier dans le but d'occuper l'espace et les tables des libraires ! Plus il y a de petits éditeurs (ou de gros d'ailleurs) qui viennent au monde, plus les grandes maisons se sentent menacées, et plus elles publient !* » Un seul éditeur, un seul endroit où acheter des livres dont les marges sont naturellement imposées par le grand éditeur. Comme ce serait beau un monde Lagardère. La nuit ?

Aurélie Filippetti, ès ministre de la Culture, le 28 juin 2012, journée de fête au SNE : « *L'éditeur a un rôle éminent dans le processus de création. C'est une question passionnante. Et sans entrer dans un débat philosophique sur le processus de création, quand on écrit, chez soi, on a besoin d'avoir le regard d'un éditeur, pour venir sanctionner, dans le bon sens du terme. C'est-à-dire, donner le jugement d'un professionnel, sur le texte que l'on est en train de rédiger. Et sans cela, même si on se publie soi-même, et que l'on peut toucher un public au travers des réseaux, on n'a pas cette reconnaissance de se sentir écrivain. L'écrivain ne naît qu'au travers du regard de l'éditeur. Et moi je l'ai ressenti en tant qu'auteur : j'aurais pu écrire le même livre que celui que j'ai rédigé, si je n'avais pas eu Jean-Marc Roberts, le résultat n'aurait pas été le même. »*

Le 25 mars 2013, Aurélie Filippetti était dans son rôle de ministre de la Culture et de la Communication, quand dans un communiqué elle a rendu hommage au patron d'une maison du groupe Hachette, plus grande entité d'édition du pays.

Mais le mélange vie privée, vie professionnelle et fonction politique me semble mettre en lumière le conflit d'intérêts exposé dans cet ouvrage.

« C'est avec une très grande peine que j'ai appris le décès de Jean-Marc Roberts, mon éditeur, mon ami.

Je voudrais dire mon éternelle gratitude pour celui qui m'a entourée de ses conseils avisés et de ses encouragements incessants, pour me donner la force et la confiance d'écrire, celui qui, depuis dix ans maintenant, était devenu mon ami.

Je voudrais rendre hommage à cet homme qui aimait si passionnément les livres qu'il consacrait autant d'énergie et de talent à les écrire et à les éditer et servait avec la même passion les livres des autres et les siens. S'il était un éditeur remarquable, fidèle, attentif, généreux, toujours si disponible, c'est parce qu'il était lui-même un très grand écrivain... »

Grand éditeur ? Le dernier livre pour lequel il s'est battu fut celui de Marcela Iacub, "*Belle et Bête*". Il fut "au cœur" d'une polémique. Son explication la plus intéressante, il la donna à *Libération* du 8 mars 2013.

« - Vous disiez que vous regrettiez l'évolution spectaculaire de l'édition. Certains vous objecteront que vous participez de cela, qu'avec la publication de *Belle et Bête*, vous vous vautrez dans une époque abjecte. C'est bien ce discours qu'on entend depuis quelques jours ?

- En effet, j'ai tout entendu et j'ai tout lu. Dans *le Monde*, des éditeurs, libraires, attachés de presse, auteurs rédigent et signent des pétitions parce qu'une maison comme *Stock*, qui a édité Zweig, s'abaisse à publier ce livre infâme... Et le misérable, c'est moi. Et puis il y a ces auteurs, certains parmi mes auteurs, qui s'indignent parce qu'ils partagent la même couverture bleue que Marcela Iacub...

Alors, je me suis demandé, et ça, ça m'a légèrement troublé : combien de signataires de droite et combien de gauche pour ce truc ? Et force est de constater qu'ils sont tous à gauche. C'est tout de même pénible. Mais évidemment, ils appartiennent à cette gauche qui, elle, a choisi le bon côté du flingue, à cette gauche des nantis qui tient les médias et l'édition. À cette gauche qui prétend savoir ce que c'est que la littérature, puisque la littérature, c'est forcément elle ! Des gardiens du temple, d'un mausolée... Ils me prennent pour un infiltré, ils n'ont pas tort, et ça, ça les rend dingues. Si j'ai adoré travailler avec Marcela Iacub, c'est parce qu'elle est tout le contraire. C'est quelqu'un qui n'affirme pas, qui adore changer d'avis, elle est en mouvement, comme tous les gens intéressants. Je lui ai dit : «Je ne veux pas la théoricienne», et elle a accepté. Elle a accompli un travail considérable. Elle a réussi un livre merveilleux, un grand roman fantastique, kafkaïen. Si on avait voulu faire un livre scandaleux et indigne, ce n'était pas compliqué, mais ça ne l'intéressait pas d'en écrire un, ni moi de le publier.

Certains de ces hommes et femmes parlent de complot, de machination, j'entends cela en permanence. C'est amusant comme cet argument, « la théorie du complot », revient dès qu'on ne comprend pas, dès que quelque chose, une œuvre d'art par exemple, nous dépasse. Tellement de bêtises... Et puis un homme de gauche ne cherche pas à faire interdire un livre, ce n'est pas vrai.

Mais ce n'est pas grave, c'est très bien même, et très drôle, tout ce bruit. Et tant pis, je mourrai quand même à gauche. Quand ? J'espère ne pas le savoir. Mais à gauche, parce que je marque mal. »
On remarque « *ces auteurs, certains parmi mes auteurs.* »

Et surtout « *cette gauche des nantis qui tient les médias et l'édition. À cette gauche qui prétend savoir ce que c'est que la littérature, puisque la littérature, c'est forcément elle ! Des gardiens du temple, d'un mausolée...* »
Oui, de l'éditeur d'Aurélie Filippetti, Jean-Marc Roberts, quelques jours avant sa disparition. Grand écart ? Aurélie Filippetti est bien de cette gauche, non ?
Humainement, on peut simplement déplorer que M. Roberts se soit lancé dans ce genre d'aventure forcément source de stress plutôt que de mettre toute son énergie à combattre la maladie. C'est ce message que j'aurais préféré entendre de celle qui l'a si bien connu. J'ai lu avec émotion dans cette interview de Libé « *Je ne suis ni un éditeur important ni un romancier important. Il a fallu faire avec, faire*

faute de mieux, il a fallu apprendre à glisser...
(...) On écrit avant tout pour soi. Et puis il y a
des mots comme "revanche". » Cet homme
n'était peut-être pas tant éloigné de moi que
j'ai pu le croire... Finalement, autrement, il
était également auteur éditeur. Mais pas
indépendant. C'est le mot indépendant qui
gène dans ce pays. Nous apprenons à glisser,
oui. Naturellement, pour tenir, "quelques
compromission" semblent indispensables...
Chacun en est là. Alors celui qui ose
l'indépendance vous renvoie à vos petites
compromissions.

Frédéric Beigbeder, le groupe Lagardère lui va bien !

Frédéric Beigbeder est finalement venu se greffer sur cet ebook dans la dernière phase de relecture... non pour la qualité de son dernier opus « *Premier bilan avant l'apocalypse* » publié par *Grasset* de chez Lagardère mais pour ses propos contre le livre numérique sur *Europe 1* de chez Lagardère, le 13 septembre 2011.

« *Non les écrans c'est pas merveilleux. C'est effrayant, et on l'a vu déjà pour l'industrie du disque : il n'y a plus de disquaire. Voilà ce qui va se passer, les gars : non seulement la disparition de cet objet qui avait six siècles et qui nous a donné le roman moderne, mais aussi la fermeture des librairies, des maisons d'édition, des suppléments littéraires dans les journaux et peut-être la fin de la critique littéraire... »*

Oh, si c'était vrai ! Comme les écrivains seraient heureux ! Que valent ces suppléments littéraires des journaux ? Ils puent tellement si souvent le copinage. À quoi bon des libraires dont le rôle consiste à disposer sur les tables des piles de bouquins ? À quoi bon des maisons d'édition qui se sont tirées une balle dans le pied en remplaçant la sélection littéraire par le directeur financier et le copinage ? Quant aux critiques... les avis de lectrices et lecteurs pourront difficilement manquer plus d'objectivité (certes le copinage est de mise aussi dans les avis de lecteurs comme en témoigne la tentative de descendre "*le guide de l'auto-édition numérique en France*" quand un proche veut se prétendre spécialiste du domaine) et je laisse à John Osborne la conclusion : « *demander à un écrivain ce qu'il pense des critiques, c'est demander à un réverbère ce qu'il pense des chiens.* »

Le lendemain de sa prestation paraissait donc son bouquin dont le site LEXPRESS.fr présentait les trois premières pages, naturellement lues avec attention, comme les analyses sur ce petit pamphlet. Rien à signaler d'exceptionnel, un texte correct mais vide. « *L'écran est... communiste ! Tout le monde y est logé à la même enseigne, lisible dans la même police : la prose de Cervantes est ravalée au même rang que Wikipédia. Toutes les révolutions ont pour but de détruire les aristocratie.* »
Oser loger à la même enseigne monsieur Frédéric Beigbeder de chez Lagardère et Stéphane Ternoise, il faut vraiment être fou ! L'aristocratie d'abord, monsieur le fils de... Le rapprochement entre Cervantes et Wikipédia est totalement infondé. Donc c'est cela : la peur que disparaisse la petite aristocratie où il brille ? On peut sourire des jérémiades de cet enfant de l'aristocratie.
« *Ultime précision :* Premier bilan avant l'apocalypse *n'est téléchargeable sur aucun site Internet. Toute version disponible*

autrement que sur papier est donc une version fausse et piratée. Si je vous surprends à lire sur un écran, c'est ma main dans la gueule. Compris ? »

Un bouquin dont l'auteur refuse sa numérisation. Pas de problème ! Qui ne manquera pas dans les boutiques d'ebooks. Naturellement, il sera vraisemblablement numérisé par quelques informaticiens littéraires, juste pour démontrer à celles et ceux qui n'achèteront jamais un tel livre, la vacuité des arguments.

Le modèle économique de Lagardère... n'est peut-être pas le meilleur pour les écrivains.

Dans *Le Monde*, du 31 octobre 2009, les pages *Débats Horizons*, Arnaud Nourry écrivait :

« *...nous nous efforçons depuis deux ans, chez Hachette Livre, de rechercher les moyens de créer un modèle économique numérique durable, en particulier en France.* »
Donc, depuis 2007, malgré les déclarations sur l'insignifiance du secteur, le groupe Hachette avait conscience du boom imminent du numérique ? Et le rachat de Numilog était plus stratégique que celui d'Astérix ?

« *Certains moyens font l'objet d'un consensus : étendre la loi sur le prix unique au livre numérique, harmoniser les taux de TVA à 5,5 % pour ne pas freiner l'essor du numérique, offrir le livre numérique à un prix inférieur de 20 % à 30 %. Mais cela ne suffira pas. Ce que les éditeurs de musique n'ont pas su faire à temps, nous, éditeurs, avons le devoir de le faire : créer très vite une offre commerciale légale et attractive, au service de tous les lecteurs, de tous les contenus et de tous les libraires.* »
L'offre légale et attractive serait donc la librairie Numilog à laquelle l'ensemble des libraires seraient priés de recourir pour obtenir en marque blanche leur gestion d'ebooks ?

« *Ainsi j'ai proposé d'ouvrir le capital de Numilog, leader français du stockage et de la commercialisation de livres numériques, à tous les éditeurs intéressés, pour que nous puissions constituer une plateforme commune. La réponse à mon offre a été jusqu'à présent polie, mais peu enthousiaste, chacun préférant prendre le temps de développer une solution "maison". Le paradoxe, c'est qu'aux Etats-Unis, où le livre numérique représente 3 % du marché, aucun éditeur ne s'est doté d'une plateforme, alors qu'en France nous sommes en train d'en développer pas moins de quatre, offrant ainsi un casse-tête aux internautes et aux libraires et le champ libre aux acteurs du Net.* »

Je comprends la réticence des éditeurs « partenaires » qui vivent encore au quotidien la distribution des livres en papier ! Qui serait alléché par l'achat de quelques pour cent du capital de Numilog, pour ensuite devoir accepter les conditions de Numilog, édictées par Lagardère, qui naturellement récupérera la plus grande partie des bénéfices ?

« *Quatre plateformes* » :   Gallimard-Flammarion-La Martinière / Le Seuil ont développé Eden-Livre, Editis racheté par Planeta a développé la sienne, et Immateriel. Alors que visiblement, chez Hachette une semble suffisante !... Tout le monde chez Lagardère...

Antoine Gallimard, invité du *Buzz Média Orange Le Figaro*, le 22 novembre 2009, aborde le sujet. Le compte rendu sur le site du Figaro note :

« *Au sujet des trois plateformes d'e-distribution créées par des éditeurs* [ce qui n'est pas vraiment exact, Numilog ayant été racheté] : *Eden (Gallimard), Numilog, et eEditis.*

Le gouvernement veut qu'il n'y ait qu'une seule plateforme. On essaie de se regrouper. Qu'il y ait au moins une interopérabilité entre les plateformes et qu'il y ait une vitrine unique pour les libraires et les lecteurs ».

http://www.lefigaro.fr/medias/2009/11/22/04002-20091122ARTFIG00057-le-livre-numerique-est-un-livre-a-part-entiere-.php

Ainsi, alors qu'Arnaud Nourry détaillait fin octobre les avantages d'une plateforme unique (naturellement pour la diversité culturelle...), le gouvernement Fillon, en novembre, semblait insister auprès des éditeurs. Si Arnaud Lagardère veut, la France veut ?... Lors d'un séminaire du Groupe Lagardère, en avril 2005, Nicolas Sarkozy, invité d'honneur, proclamait : « *Arnaud est plus qu'un ami, c'est un frère.* »

Heureusement, ce projet a échoué. Certains ont donc refusé d'accorder leur entière confiance au groupe Hachette Livre. Merci à eux.

Retour aux propos d'Arnaud 2 :
« *Mon intime conviction est que les schémas*

conventionnels, issus du passé, n'ont aucun sens dans le numérique où seule compte l'audience, et donc la capacité à proposer collectivement aux internautes une expérience unique, à même d'attirer en grand nombre des lecteurs que nos libraires seront heureux de conseiller et de servir. »

La conclusion de cette phrase (une place pour les libraires) ne semble pas découler logiquement de l'analyse, qui devrait plutôt constater la montée en puissance des avis des lecteurs qui renvoient les libraires à leur rôle de tenue d'une caisse, mise en rayon et surveillance contre le vol. Donc à leur disparation plus ou moins rapide. Non ?

« Habitués à tort à se méfier d'Hachette, mes confrères sauront-ils percevoir le danger que les bouleversements en cours font peser sur toute la profession ? Ma porte leur est grande ouverte. »

C'est donc cette porte que je vais analyser, même si je ne pense pas être considéré comme un confrère par monsieur Nourry.

D'accord pour proposer une consultation à l'ensemble des écrivains et éditeur, monsieur Nourry ? Leur demander s'ils considèrent la politique Hachette au service de la Littérature depuis des décennies ? S'ils préfèrent s'engager dans un univers numérique avec passage obligé chez Hachette ou une distribution possible via plusieurs plateformes ?

Utilisation du terme auto-édition pour vendre de l'impression à la demande...

Naturellement, la popularisation du terme auto-édition n'est pas pour me déplaire. Il intéressait peu quand j'ai lancé, en octobre 2000, le site http://www.auto-edition.com. Cette évolution a donc quelque chose de réjouissant.
Mais je reste vigilant quant à son utilisation.
Certains osent même prétendre correcte l'expression « auto-édition à compte d'auteur »! Alors que l'auto-édition fut historiquement une troisième voie, entre « l'édition classique » et « l'édition à compte d'auteur » où l'auteur paye pour une prestation. L'auto-édition, c'est l'indépendance, l'adaptation légale dans un pays démocratique (mais à l'édition verrouillée par le contrôle de la distribution et des médias) du samizdat clandestin des pays de l'Est.

Je note aussi dans une réponse d'une entité du groupe Lagardère : « *JePublie ne prétend pas être un site d'aide d'auto-édition, nous sommes une société de prestations en auto-édition.* » Réponse rapide : l'auto-édition n'a pas besoin de vos prestations.

Le groupe Lagardère a naturellement intégré le potentiel financier des auteurs refusés par « l'édition classique », qui, plutôt que de payer des sommes exorbitantes pour 3000 livres papier en compte d'auteur classique, s'orientent de plus en plus vers les solutions d'impression à la demande, témoin le succès de sites comme lulu.com ou thebookedition.com

Le 15 septembre 2009, Hachette Livre et *Lightning Source* ont officialisé la création d'une co-entreprise d'impression à la demande en France : *Lightning Source France*, implantée dans le périmètre du Centre de Distribution du Livre de Hachette Livre à Maurepas, dans les Yvelines.
Lightning Source, basé à La Vergne, dans le Tennessee aux Etats-Unis, est le leader mondial de l'impression à la demande,

Le 21 mars 2011, La BnF et Hachette Livre ont signé un accord permettant l'impression à la demande d'ouvrages présents sur Gallica (la bibliothèque numérique de la BnF).
Ainsi Hachette Livre a obtenu le droit d'utiliser 15.000 ouvrages libres de droits, qu'il pourra imprimer et commercialiser.
Le communiqué précisait « *les exemplaires ainsi fabriqués seront livrés aux libraires dans les mêmes délais qu'un exemplaire prélevé sur stock* » mais aussi « *l'objectif est de vendre ces livres à des prix très raisonnables, soit entre 12€ et 15 € pour un volume de taille moyenne.* »
Une opération où de nombreuses structures Hachette obtiennent ainsi un supplément de chiffre d'affaires et bénéfices.

Le communiqué de septembre 2009 précisait que plus de 13 000 titres du groupe Hachette Livre étaient déjà prêts pour ce programme d'impression à la demande.

Si les auteurs refusés des maisons « d'édition classique » voulaient bien apporter leurs webuscrits en payant en plus quelques centaines d'euros sur une impression à la demande déjà rentable (sinon Hachette n'aurait pas augmenté son catalogue avec des livres libres de droits de la BnF), ce serait parfait !

On sait naturellement qu'un Groupe côté en bourse se doit d'afficher une forte rentabilité, l'édition parfaite pour les actionnaires serait sûrement des écrivains publiés auxquels on verse des droits d'auteur dérisoires et d'autres qui payent pour être publiés ?...

Arnaud Nourry commentait en 2009 : « *Cette co-entreprise avec Lightning Source en France est stratégique dans la mesure où elle permettra à Hachette Livre de proposer à tous ses partenaires, quelle que soit leur taille, une technologie de pointe répondant à une de leurs préoccupations les plus constantes. Aucun livre intégrant ce programme ne sera plus jamais épuisé. L'expédition du livre suit de si près la réception de la commande que les délais de livraison sont les mêmes que si l'ouvrage était sorti du stock.* »

Durant l'été 2010, le Syndicat de la librairie française a envoyé à ses membres un document à signatures...
On apprenait cette information, le contenu et le nombre de libraires signataires, 410, en août 2010.

Une étincelle avait suffi pour lancer le feu qui couvait : l'accord entre Hachette et Apple au sujet de l'iPad. Une promotion « *vécue comme le signe d'un profond mépris* » par les libraires.

« *Depuis plusieurs années, ce groupe pratique une obstruction récurrente sur les sujets d'intérêt commun entre l'édition et la librairie, ne participe pas à des actions collectives en faveur du développement des libraires et maintient une très large part des libraires dans des conditions de rémunération inadaptées au regard des obligations qui lui sont conférées par la loi de 1981.* »

Mais il s'agissait sûrement d'établir un nouveau rapport de force !

Sur "actualitte.com" il est noté : « "*Contacté par ActuaLitté, Benoît Bougerol, président du SLF, ne souhaite cependant pas réagir. En effet, « des rencontres sont prévues et des choses programmées », avec Arnaud Nourry, PDG de Hachette Livre et à ce titre, le SLF ne communiquera pas avec la presse sur l'appel.*»

Les témoignages de libraires ne sont pas nombreux. Ils semblent ne pas s'adonner en masse au blogage.

> *« Depuis le début de l'année [2010], c'est la crise en librairie.*
> *Les ventes sont en chute.*
> *Mais les libraires continuent à ouvrir les nombreux cartons que leur envoient les distributeurs pour les leur renvoyer trois mois plus tard.*
> *Le rapport de force entre libraire et distributeur est déséquilibré.*
> *Fermer et ouvrir des cartons pour gagner moins que le Smic n'est pas encourageant. »*
> Bernard Strainchamps, libraire, article *L'iPad et le blues du libraire en ligne*
> http://livres.blogs.liberation.fr/livres/2010/06/ipad-blues.html

Numilog, le dossier...

La société Numilog fut créée en avril 2000 par Denis Zwirn : une librairie en ligne mais surtout un prestataire de services B to B : fabrication et diffusion de livres numériques.
En 2008, Hachette Livre a compris l'utilité de cette compétence. Il est parvenu à un accord avec Denis Zwirn, resté à son poste.
Je n'ai trouvé aucune déclaration sur les conséquences pour son approche de ce métier, de la « logique de groupe » dans laquelle il est forcément entré.

Dans *Le Figaro* du 6 mai, Arnaud Nourry commente : « *Il s'agit de préparer l'avenir. Le projet de rachat de 100 % du capital de Numilog ne constitue pas une grosse opération financière. Elle ne se monte qu'à quelques millions d'euros. Mais cette acquisition marque une étape majeure dans notre stratégie numérique. Avec Numilog, notre groupe va se doter d'une infrastructure permettant de distribuer des livres édités par le groupe, ainsi que par des éditeurs extérieurs, en formats numériques en permettant à chacun de conserver le contrôle de ses contenus. La société a vocation à offrir ses services à tous les éditeurs du marché à l'image du système de distribution des livres sous forme papier existant de longue date au sein de Hachette Livre.* »
Il est intéressant de noter la perspective « *à l'image du système de distribution des livres*

sous forme papier existant de longue date au sein de Hachette Livre. » De nombreux éditeurs préféreront donc sûrement éviter cette voie numérique !

Pour rappel, « mon intime conviction est que les schémas conventionnels, issus du passé, n'ont aucun sens dans le numérique », du même homme, quelques mois plus tôt. Naturellement, les mots servent à convaincre et non à trahir sa stratégie ?

Question intéressante du Figaro. Oui c'est possible !

- Quel est l'intérêt pour Numilog et son fondateur, Denis Zwirn, de s'adosser à Hachette Livre ?

Arnaud Nourry : - « Numilog est le premier agrégateur de livres numériques francophones et la principale plateforme de distribution en France, avec une offre de 43 000 titres dans tous les formats, dont une majorité d'édition professionnelle. Le livre numérique compte deux autres concurrents dans l'Hexagone, Mobipocket, filiale d'Amazon, et Cyberlibris. Le marché a été plus lent à se développer que ne l'imaginaient les fondateurs de Numilog en mars 2000. Le téléchargement de livres ne représente pas encore grand-chose. »

Nous pouvons donc concevoir que monsieur Denis Zwirn fut contraint de vendre faute de liquidités ? Peut-être croyait-il aux chiffres de nouveau balancés par monsieur Nourry « D'ici à cinq ans, il pourrait peser entre 1 % et 5 % du marché de l'édition grand public. »

Je me demande même si ces déclarations guère optimistes ne visaient pas à acquérir « facilement » Numilog. J'ai vraiment l'esprit mal tourné ?

Hachette aurait pu « *se doter d'une infrastructure* » en la créant. Il n'était pas trop tard et la question utile aurait été « pourquoi avoir racheté Numilog plutôt que de créer cette compétence en interne ? » Acheter Numilog, c'était acheter LE distributeur numérique français, supprimer un concurrent. Le grand objectif semble bien avoir été d'en faire l'unique plateforme d'edistribution afin de contrôler le marché et gagner « un peu » sur tout ebook français. Ah si « tous les éditeurs » avaient en eux quelque chose de Lagardère ! Et c'est donc cette perspective qui fut même appuyée en 2009 par le gouvernement Fillon... (si l'on en croit monsieur Gallimard)

Il est à noter qu'à la même époque, Xavier Cazin et Julien Boulnois créaient *Immateriel* avec quelques milliers d'euros... Immateriel devenu l'alternative à Numilog... La nature Internet aussi a horreur du vide. Supprimez un espace du possible et il s'en recrée un ailleurs. Parfois même mieux.

Quasi immédiatement après le rachat de Numilog, Hachette Livre s'associait à la Fnac pour commercialiser en France le Sony® Reader.

Prise de contact...

Le 11 avril 2011, via l'adresse mail figurant sur le site :

Bonjour,
Je publie depuis 1991.
Je suis travailleur indépendant, auteur éditeur, professionnel depuis 2004 (http://www.ecrivain.pro)
14 livres.
Je vais publier l'ensemble de mes écrits en version numérique.
Dont un essai sur le livre numérique.
Puis-je vendre chez-vous ?
Amitiés
Stéphane
Stéphane Ternoise
http://www.ecrivain.pro

Message très détaillé, dès le lendemain ; considéré comme une réponse type, il s'apparente à une « plaquette commerciale. » Numilog présente ainsi son activité, très respectable :

Bonjour,

Tout d'abord merci pour votre sollicitation.

Numilog est aujourd'hui le premier eDistributeur-Diffuseur français de livres numériques.

Nous pouvons vous proposer, dans le cadre de nos prestations de distribution numérique, le stockage de vos fichiers ainsi leur téléchargement sécurisé vers le client final, quel que soit son point d'entrée.

Nous vous proposons également en tant que diffuseur numérique d'être votre représentant auprès de notre réseau de partenaires – librairies et bibliothèques numériques.

Les points de diffusion sont essentiellement de deux natures :

- les librairies en ligne (notre propre site www.numilog.com faisant partie de cette catégorie, FNAC.COM, DARTY.com, Carrefouronline, Gibert Jeune, Mollat, etc.)

[Petite précision d'importance : l'absence d'Itunes et Amazon se remarque. Sur itunes.apple.com les produits Hachette sont ainsi vendus par Hachette Tourisme, Hachette Livre... Un e-distributeur qui ne distribue pas le plus possible est-ce un e-distributeur intéressant ?]

- les bibliothèques, pour lesquelles nous mettons en place un service de « bibliothèque numérique » leur permettant de prêter des livres numériques à leurs adhérents, de manière sécurisée

Si cela vous intéresse, je pourrais vous faire parvenir un contrat. Nous ne prenons pas de frais d'entrée, notre rémunération se fait avec un pourcentage sur les ventes selon la répartition suivante : 50 % du CA HT pour l'éditeur, 20 % pour Numilog distributeur, 30% pour le revendeur+diffusion.

[**Nous ne prenons pas de frais d'entrée.** À la première lecture, je n'ai pas souligné cette phrase, tant le modèle économique de l'edistribution semble devoir reposer sur un pourcentage prélevé sur les ventes, le coût de stockage d'un fichier de trois mégas étant dérisoire sur un support pouvant stocker plus de 50 000 oeuvres.]

Nous pouvons également vous accompagner au niveau technique, pour la fabrication puis la mise en ligne des eBooks. Nous pouvons fabriquer pour vous, à partir des fichiers imprimeur (ou des versions papier si vous ne disposez d'aucun fichier). Nous vous proposons dans ce cas une prestation de fabrication devant préalablement faire l'objet d'un devis.

Il vous suffit d'identifier la liste ou le type d'ouvrages que vous souhaitez distribuer en numérique ; nous nous entendons ensuite sur les procédures

de création et de transferts des fichiers et des métadonnées.

A titre indicatif, voici les tarifs d'adaptation numérique au format PDF - voir document joint

Point B, colonne du milieu si vous nous fournissez un PDF imprimeur. Ces tarifs sont négociables, en fonction notamment de la prestation retenue.

Je vous joins deux fichiers :
- les spécificités pour le PDF eBook
- les spécificités pour l'ePub
- les métadonnées (fichier que nous vous demandons de compléter avec l'expédition des fichiers).

Espérant avoir fournit suffisamment d'éléments,

Cordialement.
G. H.
Responsable commerciale
Numilog - 21-37 rue de Stalingrad - 94 110 Arcueil

Dans les documents joints :
TARIFS NUMÉRISATION

La Conversion aux normes PDF eBook en fournissant un **PDF imprimeur :**
Roman sans table ou table très simple: 40,00 €

La différence entre un PDF Imprimeur et un PDF-ebook ? Sûrement uniquement la couverture !
Naturellement, je n'ai pas donné suite à cette proposition. La proposition d'Immateriel étant correcte, qui plus est visant à distribuer sur le maximum de plateformes. Si j'avais néanmoins dû opter pour Numilog, j'aurais essayé de trouver la solution technique pour éviter un « accompagnement technique. »
En résumé : 50% de marge.

Rebondissement :

Le 17 mai, un ami, après avoir effectué la même recherche d'e-distributeurs, me transfère la réponse reçue de V. D. de jepublie.com... après demande chez numilog : un « contrat de distribution numérique » d'un genre inattendu : « *L'Auteur versera à Numilog un forfait par Ouvrage pour la présence des Ouvrages sur les sites www.numilog.com et www.jepublie.com à la date de signature du Contrat (montant dépendant de la prestation assurée par Numilog, les tarifs applicables étant ceux affichés sur le site www.jepublie.com au jour de la signature du Contrat). Le montant du forfait est mentionné dans les Annexes en face de chaque Ouvrage. Il est payable avant la mise en ligne de l'Ouvrage.* »

Avec toujours une remise de 50% sur le montant H.T. des ventes.

Naturellement, je visitais immédiatement jepublie.com, et jugeais les prestations de la page nos-tarifs.aspx très chères !

Traitement du fichier jusqu'à 200 pages (roman, essai) :
Prise en charge et vérification d'un fichier PDF mis en page par vos soins : 150 euros ! (je devrais peut-être me lancer prestataire de services ! Pour 75 euros je pourrais facilement vérifier un PDF)

Réalisation de la couverture du livre à partir d'un de leurs modèles standards (sans illustration) : 90 €
Alors que la Création graphique personnalisée est à 190 €

Diffusion numérique au format eBook :
Distribution en ligne d'un eBook au format PDF ou ePUB conforme aux normes eBook : 190 €

D'autres options proposées pour alourdir la note. Il existe aussi page nos-offres.aspx un forfait "Publication" à 1 055 euros avec 100 exemplaires imprimés (de 200 pages maxi) et un forfait "Tout numérique" à 450 euros (pour 450 euros vous avez : finalisation de la mise en forme (à partir de votre fichier texte préparé), réalisation d'une couverture standard, adaptation et conversion aux formats de lecture numérique PDF et ePub, distribution numérique à partir de www.numilog.com)

Avec *Jepublie.com* le terme auto-édition est à l'honneur : « *Publier un livre en auto édition.* » Et une profession de foi : « *L'autoédition permet d'éditer son livre et de l'imprimer simplement à moindre coût en conservant vos droits d'auteur.*

JePublie vous accompagne dans la réalisation de votre projet éditorial par un suivi personnalisé afin que votre livre soit de qualité professionnelle. »

D'accord avec la première phrase mais l'auto-édition n'a pas besoin de tels intermédiaires. Qui plus est l'auto-édition numérique. 450 euros pour être peu distribué, finalement !

J'écris donc le jour même à *G. H. :*

> Bonjour G. ,
> Merci de m'envoyer le contrat (la réalisation des 25 premiers PDF et ePUB est presque terminée !)
> Amitiés,
> Stéphane
> Stéphane Ternoise
> http://www.ecrivain.pro

Aucune réponse !

Alors le 28 juillet, nouvel envoi non personnalisé :

> Bonjour,
> N'ayant pas reçu de réponse au mail de

17 mai ci-dessous, je me demande :
Numilog souhaite-t-il distribuer les
éditeurs indépendants ou les orienter vers
jepublie.com comme vous l'avez fait pour
un de mes amis ?
Amitiés,
Stéphane
Stéphane Ternoise (Jean-Luc Petit
éditions)
http://www.ecrivain.pro

**Le 2 août, réponse d'un "Ingénieur
Commercial" :**

Bonjour,
Je vous prie de bien vouloir nous excuser
pour cette réponse tardive. En effet, G. H.
ne travaille plus chez Numilog depuis plus
d'un mois. Pour répondre à votre
question, nous orientons les auteurs
indépendants vers JePublie, y compris
ceux qui ont développé leur propre
structure d'édition. V. D. de JePublie vous
contactera prochainement afin de vous
expliquer comment cela fonctionne.
Bien à vous,
P. M.

Ingénieur Commercial

**Ce même 2 août, trois heures plus tard, V. D.,
de *Jepublie.com* :**

Bonjour,

Je fais suite à votre demande de devis pour la diffusion-distribution de vos ouvrages.

Afin de vous établir un devis précis, je vous remercie de me communiquer la liste des titres que vous souhaitez nous confier pour distribution ainsi qu'un ou deux ebooks PDF caractéristiques pour que je me rende compte de leur complexité (pagination, table, niveaux de titres, etc.) et de leur hypertextualisation par rapport à nos standards.

Vous trouverez ci-joint la présentation détaillée de notre prestation de diffusion-distribution numérique ainsi que notre contrat à titre informatif.

Restant à votre disposition pour tout complément d'information,

Cordialement,
V. D.

Le 5 août, je réponds aux deux :

P., V.,

Comment peut-on se prétendre "librairie en ligne de référence", et faire payer les écrivains ?

Votre comportement est choquant.

Vous orientez donc les auteurs indépendants vers JePublie qui prétend être un site d'aide à l'auto-édition.

L'auto-édition n'a pas besoin de tels intermédiaires.

L'auto-édition, c'est l'indépendance. J'écrivais déjà en 2001 : "ne payez jamais un éditeur." J'ajoute : "ne payez jamais une aide à l'auto-édition."

Mais avec ce passage unique pour une "présence sur NUMILOG", vous pensez obtenir des sommes considérables des écrivains indépendants.

Vous vous trompez.

J'espère que les auteurs seront tous assez lucides pour refuser ce "modèle Lagardère." Faire payer pour être présent et ensuite conserver 50% des revenus !

Vous êtes l'e-distributeur du secteur livre de Lagardère et cela devrait vous imposer des devoirs. Au contraire, vous pensez pouvoir rapidement rentabiliser votre librairie numérique sur le dos des indépendants. Ce comportement n'est pas à votre gloire.

Je ne serai donc pas en vente sur Numilog. Tant pis pour vous !

Qui a pris cette décision ? Le créateur de Numilog toujours à la tête de l'entreprise ou l'actionnaire de référence, Lagardère ?

Cordialement

Stéphane

Stéphane Ternoise (Jean-Luc Petit éditions)

http://www.ecrivain.pro

Je doutais d'obtenir une réponse. Mais trois heures plus tard V. D. n'avait sûrement pas pu résister :

Bonjour,

Je suis navrée que vous preniez les choses sur ce ton.

Numilog.com existe depuis plus de 10 ans, et a toujours fonctionné ainsi avec les auteurs indépendants. Leur catalogue est limité voire ne comporte qu'un seul titre, les titres peu connus, la promotion plus que restreinte, les ventes seront donc a priori nettement moindres que celles réalisées par les maisons d'éditions dont les seules ventes couvrent sans problème les frais de mise en ligne et autres. C'est donc juste une question de logique économique. Numilog ne vit pas de l'argent extorqué aux auteurs indépendants !

Lorsque ceux-ci envisagent la mise en ligne simultanée de plusieurs titres, nous proposons toujours un tarif dégressif, d'où ma demande de renseignements préalables à tout devis.

Il me semble que lorsqu'un éditeur fait un livre, il paie son imprimeur, son distributeur et son diffuseur. Pour la version numérique, c'est pareil : comme vous avez pu le lire sur notre présentation, il y a un travail à réaliser sur le fichier pour que celui-ci devienne un ebook. Plus un coût de mise en ligne, de protection des fichiers et de stockage.

[On sent effectivement dans cette affirmation le modèle Lagardère où la distribution numérique doit reprendre le schéma du livre papier.]

Numilog n'est pas qu'une librairie, c'est aussi un distributeur qui permet aux titres de son catalogue d'être présents sur un très grand nombre de points de ventes de livres numériques (Fnac, Carrefour, Gibert jeune, Mollat...).

[Son ex-collègue ajoutait Darty. Mais la distribution organisée par Numilog... semble viser à faire de Numilog la libraire numérique de référence (en espérant que la Fnac se cantonne aux livres en papier, sûrement), agrégateur de grandes librairies en « marques blanches. »]

Par ailleurs, JePublie ne prétend pas être un site d'aide d'auto-édition, nous sommes une société de prestations en auto-édition. Les livres sont relus et mis en page par de vrais professionnels, non par des stagiaires ou des amateurs se piquant d'être éditeurs. Ces compétences et ce travail rigoureux se paient. Et sont appréciés par les auteurs qui recherchent un travail de qualité.

Vous ne serez donc pas en vente sur Numilog. Tant pis pour vous !

Cordialement,
V. D.

J'ai moi aussi immédiatement préparé une réplique ! Me retenant de l'envoyer : aucune question à poser... inutile d'être irrespectueux !

Naturellement, la position défendue par V. D. est économiquement tenable. Mais elle est très éloignée de celle de sa collègue du 12 avril ! Et elle est contraire à l'idée que je me fais du modèle économique de l'ebook.
Naturellement, Numilog souhaite gagner de l'argent et si « *les ventes seront donc à priori nettement moindre que celles réalisées par les maisons d'édition* » on peut comprendre qu'ils se couvrent... mais demandent quand même 50% des ventes ! Ce n'est donc pas une avance au cas où les ventes seraient insuffisantes pour couvrir les frais.
Est-ce que Numilog impose 50% de marge aux « éditeurs membres du S.N.E » ? Je l'ignore. Mais si tel est le cas, je conseille à ces éditeurs de chercher un autre distributeur !

Avec Numilog, se pose le vrai problème de l'accès aux points de ventes... comme pour l'édition papier.
Le modèle du livre papier a permis d'énoncer un principe : qui contrôle l'accès aux points de

ventes, contrôle les ventes. Il est de notre devoir de rester vigilant afin que l'ebook ne subisse pas la même sélection.

S'il n'y avait eu *Immateriel*, nous aurions dû payer pour passer par la distribution organisée par *numilog...* ou essayer de vivoter dans la marginalité. (avant l'ouverture des plateformes d'autopublication Amazon, Kobo...)

Numilog est condamné à se marginaliser ?

On peut envisager pour *Numilog* un avenir à la *voila.fr*, annuaire du Groupe *France Telecom*, qui pensa concurrencer le moteur de recherche gratuit *google* avec sa formule payante.

Même avec la suprématie de *Wanadoo-Orange* chez les fournisseurs d'accès en France, *Voila* n'occupe qu'un rang marginal dans les requêtes et quasiment plus personne ne se soucie d'un bon ou mauvais placement dans ses résultats.

Dans un même marché émergeant, l'un a choisi le référencement gratuit, l'autre le payant. L'un a voulu faire du fric sur les créateurs de sites, l'autre a monétisé son trafic.

Le groupe Lagardère a pourtant déjà expérimenté la mauvaise gestion de sites Internet. Mais le groupe Lagardère a les moyens de se tromper. Le 6 septembre, LES ECHOS demandait d'ailleurs à Arnaud Lagardère : Pour votre stratégie Internet peut-on parler d'échec ?

- Dans notre groupe, il y avait une culture historique du papier tellement ancrée qu'il a été difficile de prendre immédiatement le virage du digital. C'est clairement une déception. Néanmoins, nous avons un atout majeur, nos marques fortes positionnées sur

les segments les plus porteurs. Cela nous a permis de nous hisser au troisième rang des groupes Internet en France.

http://www.lesechos.fr/entreprises-secteurs/tech-medias/actu/0201611489118-arnaud-lagardere-peut-etre-suis-je-un-patron-atypique-et-alors-214874.php

Ce n'est pourtant pas une bonne chose : Internet aurait pu permettre au groupe Lagardère de changer d'approche dans l'univers de l'édition, devenir un partenaire des écrivains. Non ?

Certes, Lagardère pourra bénéficier du catalogue pléthorique de son empire pour susciter des intérêts, générer du cash mais il n'est pas certains qu'il parvienne à conserver ses locomotives éditoriales...

Le chant du GAKA pourrait susciter bien des retournements de vestes si Lagardère campe sur ses positions.

Une autre hypothèse : sur ce marché émergeant, Hachette parvient à étouffer la concurrence. On peut même imaginer que Lagardère parviennent, en France, avec le soutien de l'ensemble des éditeurs, à paralyser le GAKA, en obtenant le report des plateformes d'autopublication... Ou, pire, avec l'aide du gouvernement, parvienne à un accord avec l'ensemble des edistributeurs, ainsi les embastille.

L'hypothèse la plus probable restant néanmoins que Lagardère reporte sa position dominante de l'édition papier sur le numérique où néanmoins des indépendants parviendront à suffisamment vendre pour maintenir leur artisanat et grappiller tout doucement des « parts de marché. »

Numilog, 55 000 livres numériques.

Immateriel, avec 51 267 références, dont certes de nombreuses œuvres gratuites, a naturellement de quoi intéresser les grandes structures qui souhaitent s'implanter en France.

La société fut fondée en 2008. Ses conditions m'ont immédiatement semblées meilleures et correctes : 35% de commission de distributeur (comprenant la remise accordée aux revendeurs) dans « le cas général », portés à 40% pour iTunes, FNAC et Amazon, enseignes qui exigent 30% de remise. Naturellement sur le prix HT.

Et *Immateriel* vise à distribuer le plus largement possible. Sûrement même sur la librairie Numilog si c'était possible ! Ils ont « naturellement » pris contact avec Kobo pour préparer leur arrivée.

Pour *creersaboite.fr*, Xavier Cazin expliquait, en novembre 2010, la naissance du projet : « *Je travaillais en tant que salarié dans une maison d'édition spécialisée dans Internet. C'est là que j'ai rencontré Julien [Boulnois], qui est aujourd'hui mon associé.*

En avril 2008, la filiale de la maison d'édition dans laquelle nous travaillions a fermé. Avec Julien nous nous sommes demandés ce que nous allions faire... Nous avons eu l'idée de transposer le métier de distributeur au livre numérique. Connaissant bien le secteur, nous avons estimé qu'il y avait une place à prendre, et nous avons décidé de nous positionner. »

Un projet très artisanal : « *Notre banque a refusé de nous financer. Nous avions peu de besoins : il fallait juste investir dans du matériel informatique, pour environ 4 500 euros. La banque a refusé de faire un leasing pour la première année d'exercice, nous avons donc finalement financé le matériel sur notre capital social.* »

Et la structure reste fragile : « *Si nous nous positionnons sur les flux, comme un distributeur classique, l'activité n'est pas rentable : on ne gagne rien. En effet, nous sommes en avance sur le marché et les ventes de livres numériques restent très faibles.* »

Alors ? « *Notre activité actuelle, qui s'assimile finalement plus à du conseil qu'à de la distribution, ne sera pas viable à terme. En effet, les acteurs vont finir pas être tous présents sur le marché. Notre projet est donc de vivre de notre activité de distributeurs.*

Immateriel.fr est actuellement à un tournant de son activité. La demande actuelle de conseil pourrait nous permettre de créer deux ou trois emplois. Mais il est difficile de savoir si cette demande se maintiendra dans le temps.

Il existe cependant plusieurs pistes permettant de pérenniser l'activité : travailler sur la qualité de service, se développer à l'international. »

Faute de ventes suffisantes, Numilog s'est vendu à Hachette. Lagardère a le temps pour lui. Il est donc du côté des libraires et éditeurs pas pressés de l'arrivée de l'ebook. Pour nous, les éditeurs indépendants, mais aussi une structure comme Immateriel, si les ventes deviennent rapidement vitales, l'échec est quasiment inévitable. Il faut tenir avec d'autres revenus... J'ai ainsi de nombreux sites Internet.

Un frémissement dans la vente d'ebooks s'observe en ce troisième trimestre 2011 et l'arrivée du Kindle va le transformer en belle vague (pour le tsunami je ne donne pas de date), la rentabilité d'Immateriel semble, par son positionnement intelligent, assuré. Immateriel n'est même pas à l'abri qu'un des auteurs distribués devienne l'Amanda Hocking français. Je veux bien tenir ce rôle ! Je ne suis pas le seul !

Sur le long terme... enfin moyen... je pense que de nombreux éditeurs distribués par Immateriel, tout en pratiquant la vente directe, seraient intéressés pour devenir les nouveaux libraires !
Oui, nous les écrivains indépendants, les éditeurs à taille humaine, sommes sûrement les mieux placés pour vendre, à côté des très grandes plateformes mondiales, des ebooks. Si chaque éditeur distribué devenait libraire de l'ensemble du catalogue Immateriel, en marque blanche, l'ensemble ne vendrait peut-

être pas encore autant qu'Amazon mais permettrait à Immateriel et aux éditeurs d'acquérir ainsi des ressources sûrement nécessaires et suffisantes.

Chacun a intérêt à jouer le jeu de l'ensemble du catalogue des petites structures.

Dans cette optique j'ai créé http://www.ebooklibraire.com.

C'est simplement un retour aux sources : jusqu'au début du XIXe siècle, les libraires étaient également éditeurs, ils achetaient les manuscrits aux auteurs. L'auteur a désormais, avec Internet, la possibilité de participer à l'ensemble des étapes du livres. De manière intelligente...

La distribution numérique s'est ainsi structurée en 4 pôles où Numilog semble avoir des difficultés à convaincre les éditeurs « amis » : Eden-Livre, développé par Gallimard-Flammarion-La Martinière/Le Seuil, dont la position est « naturellement » (logique Antoine G.) assez frileuse et la plateforme du groupe Editis racheté par Planeta.

Immateriel est donc le seul à avancer dans une pure logique d'edistributeur. Ce qui était sa faiblesse semble devenir sa force : nettement plus réactif il pourrait séduire nombre de « petites maisons indépendantes... »

Numilog cher Lagardère... et début 2012, la société est retournée à son créateur ! Stratégie difficile à définir, visiblement !

L'indépendance, c'est difficile...

Qu'Arnaud Nourry défende un modèle économique propice à la suprématie de Lagardère n'a rien de choquant. Qu'il soit possible de faire entendre d'autres voix serait préférable.

Quelle audience aura cet ebook ? Combien de journalistes le conseilleront ?

Cette route d'indépendance continuera à être difficile, même avec l'ebook.

Je sais qu'il est sûrement plus facile d'accepter d'être un pion chez Lagardère, en espérant des miettes suffisantes pour vivre de ses écrits ou en utilisant la notoriété née de ces publications chez « un grand éditeur » pour animer des ateliers d'écriture ou autres « ménages littéraires », plus une subvention et une bourse de temps en temps.

Je veux dédier cet ebook à monsieur Michel Champendal. Je ne le connaissais pas.

Michel Champendal a créé en 2006 une maison d'édition portant son nom.

En janvier 2009, il fut contraint de déposer son bilan.

Agé de 54 ans, il s'est suicidé au printemps 2009.

J'ai lu un article de Bruno Abescat dans l'Express en ligne "*L'édition française doute de son avenir*", publié le 22 mars 2010. Il y est noté que Michel Champendal laissa un dernier message : « *Il n'existe de nos jours aucune perspective de ventes de livres pour un petit éditeur parisien... »*

Il ignorait que la porte du directeur de la grande maison Hachette Livre lui était ouverte ?

J'ai naturellement hésité. Risque de pathos. Mais je ne connaissais pas Michel Champendal avant de lire cet article et je suppose que la majorité des internautes qui achèteront cet ebook le découvriront. J'avais le choix entre ne rien écrire ou écrire cela. Si je n'avais pas décidé, en l'an 2000, de créer des sites Internet pour diversifier mes revenus, je n'aurais pas tenu.

Aujourd'hui, au nom de la numérisation et du « soutien à la filière livres », des millions d'argent public sont déversés et créent une intolérable distorsion de concurrence entre ces structures et les indépendants vraiment indépendants.

Le gouvernement Fillon semble même avoir les mêmes idées qu'Arnaud Lagardère quant à l'organisation de la edistribution en France.

Depuis 2012, la "rupture" Jean-Marc Ayrault n'est pas évidente à percevoir...

L'édition selon Hachette Livre... dans cinq ans... ce qu'il faut éviter...

Naturellement cette analyse n'a pas la perspicacité d'une envolée de monsieur Nourry, il s'agit simplement du regard forcément biaisé d'un auteur éditeur indépendant.

Hachette Livre est leader sur l'ensemble des créneaux : de la vente en papier dans les « points physiques » (librairies, grandes surfaces, gares) où il est le seul distributeur à assumer une livraison quotidienne, à la vente d'ebooks où il garantit dix nouveautés quotidiennes, de l'édition labellisée « Hachette certification qualité » à l'autopublication où le groupe annonce une validation de chaque manuscrit par une lectrice professionnelle (depuis la revente de Numilog, le groupe ne possède plus cette honorable et distinguée compétence ?).

Ecrivains, venez chez nous, Lagardère a une réponse à chaque cas.

Vous êtes grand vendeur, auteur de best-sellers, vedette, ce sera un honneur pour vous de figurer dans une des collections, Grasset, Hachette Jeunesse, Marabout ou Astérix.
Malgré la grande valeur de votre webuscrit, « Hachette certification qualité » ne peut actuellement pas le publier dans ses collections dont le planning est complet, nous vous conseillons, afin que votre œuvre soit

accessible au monde entier, de la confier à jepublie.com, cette solution vous permettra d'être distribué par Numilog et imprimé à la demande dans des délais identiques à ceux de l'ensemble du groupe H.

Peu importe votre chemin, vous pourrez vous glorifier de travailler avec le groupe H, vous serez rentables pour le groupe H.

La sortie de Lagardère du secteur de l'édition, bien qu'évoquée parfois, est improbable. Même pour désendetter le Groupe ou investir ailleurs.

Arnaud Lagardère, aussi dans les *lesechos.fr* du 6 septembre 2011 : « *Nous allons garder nos quatre métiers. L'édition : nous sommes aujourd'hui leader mondial (hors branche éducation de Pearson aux Etats-Unis) ; nous n'avons pas fait autant d'efforts et investi autant pour tout vendre aujourd'hui.* »

Naturellement, les réponses aux journalistes sont toujours à prendre avec énormément de précautions mais je pense que Lagardère conservera ses acquis dans l'édition française (l'édition, c'est bien plus qu'une forte rentabilité, grâce à des "partenaires", dont les écrivains, aux revenus les plus bas possibles, c'est un pouvoir dans l'état).

La date du 8 octobre 2011

Ce jour-là, l'invité de SoftPower, émission de Frédéric Martel sur France-Culture, était... notre cher Arnaud Nourry !

Comme s'il voulait casser l'élan de l'arrivée du Kindle (ou se montrer cynique sur l'ebook dans le but de témoigner sa bonne volonté aux libraires), Arnaud Nourry nous a encore gratifié d'une belle phrase de communication : « *Le numérique c'est formidable mais moi, je suis sûr que dans 10 ans, tous les livres que vous aurez acheté au format numérique, vous ne pourrez plus les lire.* »

Les internautes qui suivent monsieur le PDG ont sûrement assimilé la valeur qu'il faut accorder à ses prédictions à 5 ans, alors à 10 !

Achetez du livre en papier, donc !

Est-ce qu'après cet ebook, monsieur Arnaud Nourry affrontera de véritables réparties sur le décalage entre ses tirades anti-ebooks et la préparation du groupe Lagardère à un marché de l'édition où le livre numérique prédomine ?

Après l'émission, le 4 septembre 2011, Frédéric Martel lançait sur twitter :

> Arnaud Nourry (Hachette livres) : le #AMAZON #KINDLE sortira en France avant la fin de l'année, sans doute début octobre ! #softpower

Puis :

EXCLU+: la date de sortie du #Kindle d'#Amazon en France : le 8 octobre. Il s'agira de la nouvelle version du KINDLE. #softpower

Puis, sûrement après une réaction !!!

Exclu : L'info de la sortie en France du #Kindle le 8 oct ne vient pas d'Hachette mais de #softpower. Il s'agira en + du nouveau Kindle.

Le sujet était abordé sur actu-des-ebooks.fr et Martel Frédéric intervenait pour préciser, 7 septembre 2011 à 9 heures 21 :

Bonjour,

Merci pour la citation. Je vous confirme bien que l'information sur le Kindle (que j'ai sortie) me venait d'une source fiable, tout à fait extérieure à Hachette. J'ai interrogé Arnaud Nourry qui n'a pas répondu ; ayant l'information auparavant, j'ai pu la transmettre et il n'a pas nié, car il est plus que probable qu'il l'avait aussi, même s'il a certainement signé un document de non-disclosure.

Selon mes sources, le Kindle sortira bien en France le 8 octobre et ce sera le nouveau Kindle. De nombreux éditeurs ayant signé avec Amazon pour cette sortie, de nombreux livres français devraient y figurer.

Bien à vous,
FM

http://actu-des-ebooks.fr/2011/09/06/kindle-4-lancement-en-france-le-8-octobre-avec-des-ouvrages-en-francais/

111

Ce qui s'est réellement passé, sûrement pas nécessaire d'avoir réalisé douze années d'étude en psychologie pour le deviner !
Via Immateriel.fr, mes ebooks sont sur Amazon.fr, ils seront donc en concurrence avec ceux de chez Lagardère. J'espère réussir à sortir cet ebook avant le 8 octobre...

Mes livres au format numérique, vous pourrez encore les lire dans dix ans : aucun DRM ne les verrouille.

Hachette Livre
Monsieur Arnaud Nourry,
Président Directeur Général
43, Quai de Grenelle
75905 Paris Cedex 15

Montcuq, le 11 septembre 2011

Monsieur le Président Directeur Général,

En 2009, vous vous adressiez aux éditeurs dans *Le Monde* : "*Habitués à tort à se méfier d'Hachette, mes confrères sauront-ils percevoir le danger que les bouleversements en cours font peser sur toute la profession ? Ma porte leur est grande ouverte.*"
Auteur éditeur indépendant, professionnel, j'ai donc frappé à la porte de Numilog, votre e-distributeur.

Le 12 avril 2011, madame G. H., Responsable commerciale, m'a fait une proposition pour une distribution par NUMILOG : 50 % du CA HT pour l'éditeur et AUCUN DROIT D'ENTREE pour l'éditeur (*Nous ne prenons pas de frais d'entrée, notre rémunération se fait avec un pourcentage sur les ventes selon la répartition suivante : 50 % du CA HT pour l'éditeur, 20 % pour Numilog distributeur, 30% pour le revendeur+diffusion.*)

Quand j'ai demandé le contrat, il n'est pas arrivé et le 2 août 2011, monsieur P. M., Ingénieur Commercial, m'a signalé que madame "*G. H. ne travaille plus chez Numilog.*" Et envoyé mon mail à madame V. D. de jepublie.com

Cette dernière m'a alors proposé une "*prestation en auto-édition.*" Un tarif exorbitant, quoi, une prestation que tout individu normalement informé devrait refuser !

Ainsi, madame H. m'a fait une proposition commerciale en avril 2011, et VISIBLEMENT la politique de Numilog a changé à cette période, avec la décision d'envoyer les auteurs éditeurs indépendants vers jepublie.com (étant un auteur de référence de l'auto-édition, je ne peux naturellement pas adhérer à un site de "prestation en auto-édition" mais considère que votre LIBRAIRIE NUMILOG est un lieu de vente intéressant pour un auteur éditeur indépendant professionnel.)

Je trouve surprenant d'ainsi dévaluer la crédibilité de la LIBRAIRIE E-DISTRIBUTEUR NUMILOG avec ces "prestations en auto-édition" de jepublie.com.

Qui plus est les grandes librairies indépendantes françaises (*Dialogue* de Brest, *Gibert Jeune* de Paris, *Mollat* de Bordeaux...), belges et québécoises, qui ont signé des accords avec Numilog dans le cadre de la gestion de leurs offres de livres numériques, ne manqueront sûrement pas de contester votre décision d'exclure ainsi certains auteurs. Naturellement, gérant un site Internet sur la ville de Bordeaux, je vais désormais déconseiller la librairie Mollat où ne sont pas distribués ma trentaine d'ebooks alors qu'ils le sont sur Itunes, Amazon (pour l'instant US), Alapage...

Votre décision d'essayer de facturer l'accès aux sites de ventes d'ebooks à certains éditeurs (pour être référencé par numilog, payez jepublie.com !) me rappelle voila.fr qui pensa concurrencer GOOGLE en exigeant un paiement pour le référencement.

Un dossier fondamental du livre numérique en France est justement l'égalité des éditeurs à l'accès aux points de ventes.
En exerçant les professions d'éditeurs et d'e-distributeurs, vous vous placez en situation de pouvoir privilégier les éditeurs de votre groupe, vous avez donc un devoir moral envers l'ensemble de l'édition française.
Tout abus de cette position dominante peut être ressenti comme une volonté de vous accaparer le marché du livre numérique. Naturellement, nous savons bien que vous êtes très attaché à la diversité de l'édition française, comme vous avez toujours soutenu la petite librairie de quartier.

Il vous est naturellement encore possible de faire marche arrière mais j'aimerais connaître vos motivations précises. Car naturellement, "un peu porte-parole des indépendants", je vais suivre attentivement la politique des e-distributeurs.

Veuillez agréer, Monsieur le Président Directeur Général, l'expression de ma haute considération.

Envoyé par courrier postal suivi.

La page csuivi.courrier.laposte.fr m'a confirmé l'arrivée à destination.
Courrier n° 1D00798353043 (Distingo Suivi) : Distribué par PARIS (75015) le 14/09/2011.
Le courrier a été déposé dans la boîte à lettres du destinataire.

Historique :
le 14/09/2011 : Arrivé au bureau distributeur de PARIS (75015)
le 13/09/2011 : Déposé à CAHORS CTC

Envoyé en document PDF par mail le dimanche 11 septembre 2011 17:16.
À : ...@hachette-livre.fr (adresse mail du webmaster, figurant sur le site hachette.com)
Objet : A l'attention de monsieur Arnaud Nourry PDG

Bonjour,

Merci de bien vouloir transmettre à Monsieur Arnaud Nourry, Président Directeur Général, la lettre en pièce jointe.

Amitiés,

Jean-Luc Petit
BP 17
46800 Montcuq

Destinataire :

Hachette Livre
Monsieur Arnaud Nourry,
Président Directeur Général
43, Quai de Grenelle
75905 Paris Cedex 15

J'avais utilisé les fonctions : *Ce message a une priorité haute.*
Et *demande de confirmation de lecture* (aucune confirmation de lecture ne fut reçue)

Annexe 2

J'ai naturellement également écrit à Monsieur Denis Zwirn dont l'adresse mail sous @numilog.com est publique. Le 9 septembre 2011 à 19 heures 50.

Monsieur Denis Zwirn,

Le 12 avril 2011, madame G. H., Responsable commerciale, m'a fait une proposition pour une distribution par NUMILOG : 50 % du CA HT pour l'éditeur et AUCUN DROIT D'ENTREE pour l'éditeur (Nous ne prenons pas de frais d'entrée, notre rémunération se fait avec un pourcentage sur les ventes selon la répartition suivante : 50 % du CA HT pour l'éditeur, 20 % pour Numilog distributeur, 30% pour le revendeur+diffusion. Voir mail ci-dessous).

Le 2 août 2011, monsieur P. M., Ingénieur Commercial, m'a signalé que madame "G. H. ne travaille plus chez Numilog."

Et envoyé le dossier à madame V. D. de jepublie.com

Madame V. D. m'a alors fait une proposition de "prestations en auto-édition" à un tarif exorbitant, prétendant suite à ma réponse : "Numilog.com existe depuis plus de 10 ans, et a toujours fonctionné ainsi avec les auteurs indépendants."

Ainsi, madame G. H. m'a fait une proposition commerciale en avril 2011, et VISIBLEMENT la politique de numilog a changé à cette période (contrairement aux affirmations de madame D.), avec la décision d'envoyer les auteurs éditeurs indépendants vers jepublie.com (étant un auteur de référence de l'auto-édition, je ne peux naturellement pas adhérer à un site de "prestation en auto-édition" mais considère que votre LIBRAIRIE NUMILOG est un lieu de vente intéressant pour un auteur éditeur indépendant professionnel.)

Je trouve surprenant d'ainsi dévaluer la crédibilité de la LIBRAIRIE E-DISTRIBUTEUR NUMILOG avec ces "prestations en auto-édition" de jepublie.com.

Mes ebooks ne sont pas sur NUMILOG, ce qui est dommageable pour moi... et pour vous.

J'ai naturellement opté pour un autre réseau de distribution m'assurant une présence sur Itunes, Amazon...

Espérant bientôt connaître votre opinion sur mes commentaires de votre approche de ce nouveau marché numérique, et la proposition de madame H. du 12 avril 2011,

Veuillez agréer, monsieur Denis Zwirn, mes respectueuses salutations.

Amitiés

Stéphane
Stéphane Ternoise
http://www.ecrivain.pro

Annexe 3

Le SNE

(présentation inspirée de celle rédigée pour le *guide de l'auto-édition numérique en France*)

Le grand public connaît surtout le SNE ès qualité d'organisateur du Salon du livre de Paris. Naturellement les écrivains indépendants n'y sont pas accueillis les bras ouverts et l'ebook y est présenté de manière très orientée.

Le Syndicat national de l'édition est une organisation professionnelle des entreprises d'édition, elle défend les intérêts des éditeurs de livres publiés à compte d'éditeur.
Son président est donc Antoine Gallimard.
Le SNE c'est, selon leur présentation « *près de 575 maisons d'édition, représentant la majeure partie du chiffre d'affaires de l'édition française, qui dépasse 2 829 millions d'euros en 2009.* »

2012, après le rachat de Flammarion, AG laissa la place à Vincent Montagne. Et les chiffres officiels 2013 : « *avec plus de 670 membres, le SNE défend l'idée que l'action collective permet de construire l'avenir de l'édition.* » Chiffre d'affaire non vu. En l'an 2000 j'écrivais déjà « *l'auto-édition est l'avenir de l'édition.* »

Il existe un document quasi surréaliste, intitulé « le *livre numérique : idées reçues et propositions* », diffusé au salon du livre de Paris, lors des Assises professionnelles du livre, organisées par le SNE, le 17 mars 2009.
http://www.sne.fr/informations/livre-electronique-03-09.html

Le SNE y égraine des arguments pour combattre l'idée qu'un livre numérique doive coûter moins cher qu'un livre papier !
Il prétend même qu'un ebook « *coûte au moins autant à produire qu'un livre papier.* »

Admirons : les dix euros d'un livre-papier vendu se répartissent de la manière suivante : 1 € pour l'auteur, 1,50 € pour l'éditeur, 1,50 € pour l'imprimeur, 1,70 € pour le diffuseur et le distributeur, 3,80 € pour le libraire, 0,50 € pour l'Etat (TVA).
Le SNE précise néanmoins : « *ce sont, à part la TVA, des chiffres moyens, qui peuvent varier.* » La part de l'imprimeur semble surévaluée : après 2000 exemplaires, le coût de l'impression tombe le plus souvent à moins de 10% du prix du livre. Mais il est vrai que ces éditeurs subissent un nombre d'invendus conséquent, dont les frais de retour et de destruction (pilon) sont sûrement reportés dans la case « imprimeur. »
La part du libraire doit rarement atteindre 38%.

(*La remise commerciale consentie au libraire résulte d'une négociation entre celui-ci et le diffuseur (ou, dans certains* cas, le distributeur ou directement l'éditeur).

http://www.culture.gouv.fr/culture/guides/dll/libraire.htm)

Ainsi, pour l'ebook version SNE : « *L'auteur touche toujours autant, et aimerait bien davantage...* » (ne rêvez pas : *autant* doit se comprendre en pourcentage)

Certes « *il n'y a plus d'imprimeur ni de frais de logistique liés au papier (transport et stockage).* »

Mais l'éditeur aura « *de nouveaux coûts* », et voici une liste à la Prévert : « *coûts de conversion des fichiers (voire de numérisation s'il s'agit de livres plus anciens), coûts de stockage des fichiers, coûts de sécurisation des fichiers, frais juridiques liés à l'adaptation des contrats d'édition et à la défense contre le piratage, etc.* »

Y'a même pas le coût de l'ordinateur !

Coût de conversion des fichiers, de word en PDF ? (les éditeurs connaissent pourtant la procédure : ils fournissent aux imprimeurs des documents PDF)

Les coûts de sécurisation des fichiers ? Le DRM d'adobe ? Vous pouvez supprimer !

Mais ce n'est pas tout : « *vendre des livres numériques ne se fait pas tout seul : cela nécessite un diffuseur-distributeur (« e-distributeur » pour reprendre la terminologie de Gallica2) et des sites de vente en ligne des livres (« e-librairies »).* »

Rien de choquant, finalement, qu'un syndicat

des éditeurs souhaite donner la part de l'imprimeur et celle des transporteurs à l'éditeur. Mais il convient de préciser qu'avec le numérique, ce sont les frais fixes, ceux à engager avant la première vente, qui disparaissent : le risque financier majeur, les frais à payer même si aucun livre ne se vend. L'éditeur était celui qui pouvait mutualiser les risques. Chacun peut désormais miser, à cette grande loterie de la recherche du lectorat, puisque la mise est d'abord constituée de temps.

M. David Assouline, le 29 mars 2011, lors du débat sur le prix unique du livre numérique au Sénat :

« *Il est incompréhensible que les éditeurs nous disent que, s'il y a une économie de coût, les auteurs n'ont pas à bénéficier d'une rémunération digne et équitable ! Là où le marché du livre numérique s'impose, les économies sont importantes : les auteurs doivent pouvoir bénéficier d'une rémunération juste et équitable.* »

Quelques instants plus tard à la même tribune :

« *Quand je vois les éditeurs s'insurger contre une petite phrase sur « la rémunération juste et équitable des auteurs », je me dis que les masques tombent. Il n'y aurait pourtant pas de livres sans auteurs, pas de création sans créateurs. Des dizaines de milliers d'auteurs sont dans l'impossibilité de vivre de leur travail.*

Avec le numérique, nombre de coûts vont être atténués, du papier à l'imprimerie et au stockage, on pourrait donc se préoccuper enfin des auteurs. Et on nous dit « Oh non, surtout pas » ! Nous ne pouvons rester les bras ballants face à cela.

À l'heure actuelle, 55 % de coût du livre représente la distribution, 15 % l'impression, 20 % l'éditeur et 10 % l'auteur. Avec le livre numérique, l'éditeur touchera sept fois plus que l'auteur !

Je n'ai donc pas compris que les députés aient pu céder sur ce point. Les éditeurs japonais, américains, canadiens m'ont dit la même chose : le numérique réduit de 40 % les coûts d'édition. »

http://www.senat.fr/cra/s20110329/s20110329_21.html

Pourtant le SNE pose la bonne question : « *pourquoi ne pas pratiquer la vente directe ?* »

Mais la réponse fuse, péremptoire : « *Ce serait méconnaître l'importance stratégique que revêt la librairie de qualité pour tous les éditeurs.* » J'imagine très bien cette phrase gravée au fronton de la maison Hachette, tel le « connais-toi toi-même. »

Oh ! Le mythe de la librairie de qualité ! « *3 500 libraires indépendants ont survécu… »* (*Frédéric Mitterrand*) Il aurait pu préciser « en vendant du Pierre Dukan, Marc Levy et naturellement Astérix. »

Bref, ces nouveaux coûts « *compensent peu ou prou* » ceux de l'imprimeur.

Et comme nous ne sommes toujours pas en 2012, le passage d'une TVA de 5,5 % à 19,6 % entraîne « *un surcoût de 14 % du livre numérique ! »*

Les internautes exigent du moins cher, le SNE ne peut l'ignorer :

« *Non seulement annoncer que le prix du livre numérique devra être inférieur de 30 % à celui de papier est dangereux pour le développement du marché numérique, mais il l'est aussi pour le livre papier, dont on ne comprendra plus qu'il soit à payer au juste prix : c'est tout l'édifice de la loi sur le prix unique qui risque d'être remis en cause. »*

Hé oui, cher SNE, votre système doit s'écrouler ! Pour que vivent dignement plus d'écrivains. Le livre papier a trouvé un concurrent nettement moins cher, il ne lui reste plus qu'à se montrer plus pratique. Ce que semble réussir Amazon avec son Kindle.

Mais ce n'est pas fini, le SNE s'attaque à toutes les « *idées reçues.* » Vient ensuite : « *Le livre numérique va remplacer le livre papier.* »

Réponse : « *Pas de fatalisme de notre part. Le livre numérique est pour les éditeurs une formidable opportunité de créer un nouveau marché et de toucher de nouveaux publics. L'édition est en train de devenir une industrie multi-supports : livre papier et livre numérique vont coexister. Une partie du marché du livre papier va diminuer, mais elle sera compensée par la création de nouveaux marchés. L'arrivée d'un nouveau média ne détruit pas forcément les anciens, il crée de nouveaux usages, souvent complémentaires des anciens : la télévision n'a pas détruit la radio, etc. »*

L'avenir paradisiaque selon le SNE : les anciens lecteurs continuent à acheter du papier très cher et le numérique permet d'accroître le marché.

Essayez de comprendre qu'au niveau du livre, ce n'est pas un nouveau média mais une nouvelle approche : un autre support pour le même contenu. Comme dans le domaine de la photo où le numérique a marginalisé le bon vieux développement de nos pellicules hors de prix, et ainsi entraîné la fermeture d'usines et boutiques, dans une quasi indifférence tellement les utilisateurs avaient conscience de vivre un progrès, une libération de la photo. Le livre se libère de la même manière : dépensez-moins, achetez des ebooks ! Et si l'aristocrate n'est pas disponible en ebook, lisez du Ternoise !

Naturellement, quelques belles photos sont parfois tirées sur papier mais les supports numériques conservent la quasi totalité de nos clichés.

Quelques bouquins à très forte demandes en papier continueront à être imprimés !

Le numérique permet naturellement d'autres utilisations qu'un livre mais là n'est pas notre sujet : nous sommes simplement dans un secteur confronté à l'arrivée d'un nouveau support pour nos écrits.

Comme au SNE remontent sûrement les inquiétudes des éditeurs, il répond aussi à : « *en devenant numérique, le livre va fatalement être piraté, comme le disque et la vidéo.* »

Qui a osé prendre l'initiative d'écrire :
« *Dans l'univers d'Internet s'est installé le mythe de gratuité de l'accès aux contenus intellectuels : la musique et la vidéo en ont déjà fait les frais, perdant l'un la moitié, l'autre le quart de son marché. Idée faussement généreuse voire dangereuse car elle risque d'entraîner un appauvrissement de la qualité et de la diversité des contenus, dont les éditeurs sont les garants, voire le retour à un système pris en charge par l'Etat.* »
Les éditeurs autoproclamés garants de la diversité des contenus ! Il fallait oser ! Lagardère garant de la diversité ! Lagardère ou l'Etat, même ! Dont la traduction Lagardère ou Sarkozy permet la formule : l'édition doit tomber entre les mains d'un des frères Sarkodère !

Alors, camarades, il est urgent de « *lutter contre la prolifération du piratage* » et pour cela, tout le monde doit s'y mettre, « *fournisseurs de contenus, télécoms,*

fournisseurs d'accès à Internet, moteurs de recherche et bibliothèques numériques. »
Tous ensemble pour sauver les bons soldats du SNE !

Mais le monde est peuplé de méchants : « *certains de ces acteurs, dont les visées monopolistiques et hégémoniques sont claires, renversent le principe du droit d'auteur pour promouvoir leurs propres intérêts et générer d'importants revenus publicitaires à partir des contenus des éditeurs.* »

Aucun groupe d'édition en France n'a de « *visées monopolistiques et hégémoniques ?* »

Alors, l'appel aux fondamentaux du droit d'auteur, « *qui fait partie des droits de l'Homme hérités du Siècle des Lumières.* »

Et ce droit d'auteur « *rémunère le travail des auteurs et de leurs éditeurs.* »

Oui… mais ce n'est pas le problème, chers gens du SNE ! Surtout que la suite est fracassante, l'humanité court à sa perte si les profiteurs des écrivains disparaissent : « *N'y a-t-il pas là une extraordinaire régression démocratique à refuser de rémunérer le travail intellectuel, à refuser de rémunérer l'œuvre de l'esprit, alors qu'on accepte de payer pour des biens matériels ou des services ?* »

Quand 90% des revenus consécutifs au travail d'un écrivain s'évaporent, vous considérez le travail intellectuel justement rémunéré ? Vous participez à la domination d'un système injuste, nous devons donc vous renverser. Et AGAK peut nous le permettre.

Il est du devoir des écrivains d'élaborer un modèle économique équitable, qui rémunère correctement leur travail intellectuel, sans restreindre l'accès des œuvres par un tarif exorbitant. Et AGAK est devenu notre partenaire « naturel. »

Vient ensuite un domaine qui nous concerne vraiment mais une affirmation combattue par le SNE : « *On pourra se passer d'éditeur à l'ère du numérique.* »
Et contre cette *utopie*, ils déroulent un exemple fracassant : « *Stephen King a tenté l'expérience de vendre directement ses livres en ligne. Devant l'échec complet de sa tentative, il est revenu vers son éditeur... »*
Vous voyez bien que c'est impossible, Stephen King a échoué ! Mais pas en 2011 ! Il a essayé trop tôt ! Avant le Kindle et l'Ipad.
Au SNE, certes, ils avaient besoin d'un exemple pour marquer les esprits. Pourtant, ils auraient pu deviner que ce roi ne resterait pas sur un échec. Ils devraient consulter la page des "Best Sellers in Kindle Store" d'amazon.com, comme je l'ai refait le 8 septembre 2011. Au septième rang figurait... *Mile 81* (Kindle Single) par Stephen King (Author) $2.99. Il semblerait que le virus de l'ebook ait repris monsieur King !

Peut-être, lui aussi, l'exemple d'Amanda Hocking l'a remué : elle est du même pays (les Etats-Unis), mais n'a que 26 ans (contre 63 pour son aîné) et a vendu 900 000 livres en moins d'un an... Devenue millionnaire sans éditeur, en distribuant sur Amazon et quelques autres web plateformes. Sans éditeur, en auto-édition donc, avec des livres vendus. Mais contrairement au modèle du SNE, 70% du prix payé par les internautes lui revient.

D'ailleurs : « *Cette idée reçue provient d'une méconnaissance du métier et de la valeur ajoutée de l'éditeur.* »
La grande vérité selon le SNE : « *Plutôt discret et en retrait derrière ses auteurs, l'éditeur a pourtant un rôle crucial : il sélectionne et « labellise » les œuvres en les intégrant dans un catalogue, un fonds, une marque reconnus par les lecteurs ; il apporte une contribution intellectuelle (« création éditoriale ») importante ; enfin il s'engage à exploiter commercialement les œuvres de manière continue (vente de livres, de droits dérivés, etc.).* »
Plus personne n'y croit, en votre baratin. Ce n'est pas le LABEL éditeur que visent les écrivains mais le réseau de distribution et médiatisation. **C'est en contrôlant ces réseaux de distribution et médiatisation, que les éditeurs furent indéboulonnables durant des décennies.**

Autre « *idée reçue* » combattue : « *On pourra se passer de libraire à l'ère du numérique.* »

Alors le beau blabla habituel : « *L'existence en France d'un vaste réseau de librairies indépendantes, qui s'est globalement maintenu grâce à la loi sur le prix unique du livre, est déterminante pour la diversité et la qualité de la production éditoriale.* » Grâce aux subventions aussi. Des libraires qui ouvrent les cartons et placent aux tables d'honneur les livres vus à la télé ! Et maugréent contre les marges imposées par les puissants.

Et nous sommes prévenus : « *Le SNE est mobilisé pour aider la librairie indépendante à trouver toute sa place sur le marché émergent du livre numérique.* » Sauvons les libraires alliés des éditeurs, sur le dos des écrivains.
1001libraires a effectivement ouvert, avec naturellement plus de moyens que sa réponse http://www.1001ecrivains.com.
Je ne résiste pas, je reprends encore deux phrases, c'est tellement caricatural : « *Il faut aider les librairies de qualité à entrer sur le marché du numérique, en créant un ou plusieurs portails de vente en ligne de livres non seulement papier, mais aussi numériques. C'est la condition sine qua non du maintien de la diversité culturelle.* »

À aucun moment n'apparaît la possibilité d'un autre modèle économique. Ils veulent que le numérique se plie à leur vieux système, un monde figé. Ils défendent leur profession, ce n'est pas un scandale. Mais qu'on arrête de prétendre que ce SNE peut s'exprimer au nom des écrivains.

Personne ne laisserait le MEDEF s'exprimer au nom des salariés mais quand le syndicat des éditeurs parle au nom des écrivains, les écrivains sont priés de comprendre que c'est pour leur bien !

Annexe 4

Kobo

AGAK : Amazon Google Apple Kobo.
Les trois premiers sont assez connus des internautes.
Kobo n'est pourtant pas une société inconnue pour qui suit ce secteur... dans son développement mondial : elle fut la première à proposer une lectrice d'ebooks, un reader, sous la barre symbolique des 150 dollars.

Mondialement, Kobo revendique 10% du marché, et il est considéré, au niveau du livre numérique, comme un challenger d'Amazon, Barnes & Noble et Apple.

Kobo Inc est une société de la province de l'Ontario, Canada.

Kobo a quasiment officialisé son arrivée en France. Des contacts existent avec au moins un edistributeur. Son catalogue est désormais géré en 5 langues... pour cinq pays européens et les prix traduits en euros : Allemagne, Italie, Espagne, Pays-Bas et France.
Sa plateforme d'auto-publication est annoncée en préparation.
(et il en fut ainsi)
Le Kobo eReader est vendu 99 dollars et le nouveau reader tactile à 129 dollars.
Le site général : kobobooks.com

Annexe 5

Monsieur Lagardère,

Le modèle du livre en papier a permis d'énoncer un principe : qui contrôle l'accès aux points de ventes, contrôle les ventes.

En 2008, vous avez acquis Numilog avec l'intention possible, probable, d'en faire l'unique point d'entrée aux librairies numériques.

Quand monsieur Nourry préconisait dans la presse la solution d'un seul edistributeur en France, monsieur Gallimard signalait, un mois plus tard, subir l'insistance du Gouvernement Fillon dans le même sens. Naturellement, il s'agissait encore une fois du célèbre adage des grands esprits qui se rencontrent, aboutissement aux mêmes conclusions. Seuls les malveillants peuvent rappeler qu'en 2005, monsieur Nicolas Sarkozy vous présentait comme un frère, bien plus qu'un ami. Devenu président, votre frère représente naturellement l'État impartial.

Heureusement, quatre plateformes peuvent désormais alimenter les librairies virtuelles. Mes ebooks sont ainsi distribués sur les plateformes essentielles : itunes, amazon, epagine...

« Naturellement », ces ebooks ne sont pas en vente sur Numilog. La marginalisation de votre librairie est ainsi espérée par les écrivains assez lucides pour refuser la solution payante proposée aux indépendants via jepublie

Avec jepublie.com qui ose se proclamer dans le secteur de l'auto-édition (auto-edition.com dénoncera toujours l'utilisation du terme par de tels intermédiaires) vous discréditez votre service d-edistributeur. Malheureusement, peu d'internautes le savent !

Vos moyens sont considérables et j'imagine très bien que vous soyez scandalisé qu'on puisse aujourd'hui vendre de l'ebook français sans laisser quelques centimes chez Hachette. Naturellement, j'observe avec un certain sourire votre soutien à la librairie française de proximité et les déclarations anti-ebook de monsieur Nourry.

Dans cet ebook, je me suis contenté de regrouper des informations, des faits, des déclarations. Un travail de journaliste. Pourtant inédit. Mais indispensable à l'heure du boom imminent de l'ebook en France.

Mon ebook ne vous plaira sûrement pas. Il n'aurait pas été édité dans un monde parfait où le Groupe Lagardère contrôlerait l'ensemble de l'édition en France.

Mon utopie : il est du devoir des écrivains d'élaborer un modèle économique équitable, qui rémunère correctement leur travail intellectuel, sans restreindre l'accès des œuvres par un tarif exorbitant.

Veuillez agréer, Monsieur Lagardère, mon sentiment d'insignifiance face à vos 15000 annuelles publications en papier.

Annexe 6

Quelques phases essentielles...

Quelques phases jugées intéressantes (modestement !) par l'auteur lors de la dernière relecture. Elles seront utilisées lors de la promotion (vous pouvez aussi les reprendre... en signalant leur provenance, merci...) :

Etre un auteur éditeur indépendant professionnel, c'est donc distribuer ses livres sur un maximum de lieux de ventes et pratiquer la vente directe. Un peu comme les viticulteurs...

Peu importe le contenu pourvu qu'on ait les revenus.

Le livrel ne passera pas par la France. Comme le nuage de Tchernobyl !

« *Nous pouvons publier un livre quelques jours après avoir reçu le manuscrit. Nous pouvons faire écrire un livre en quelques semaines par une équipe de rédacteurs, voire en quelques jours. Et nous ne nous en privons pas* » (Arnaud Nourry)

La nature Internet aussi a horreur du vide. Supprimez un espace du possible et il s'en recrée un ailleurs. Parfois même mieux.

« *Il faut que les auteurs comprennent l'importance du rôle de l'éditeur.* »
Antoine Gallimard

Le modèle du livre papier a permis d'énoncer un principe : qui contrôle l'accès aux points de ventes, contrôle les ventes. Il est de notre devoir de rester vigilant afin que l'ebook ne subisse pas la même sélection.

« *Le gouvernement veut qu'il n'y ait qu'une seule plateforme.* [edistribution des ebooks] »
Antoine Gallimard
Ce n'est pas le LABEL éditeur que visent les écrivains mais le réseau de distribution et médiatisation.

L'édition parfaite pour les actionnaires serait sûrement des écrivains publiés auxquels on verse des droits d'auteur dérisoires et d'autres qui payent pour être publiés.

C'est en contrôlant les réseaux de distribution et médiatisation, que les éditeurs furent indéboulonnables durant des décennies.

Personne ne laisserait le MEDEF s'exprimer au nom des salariés mais quand le syndicat des éditeurs parle au nom des écrivains, les écrivains sont priés de comprendre que c'est pour leur bien !

Quand 90% des revenus consécutifs au travail d'un écrivain s'évaporent, le syndicat des éditeurs considère son travail justement rémunéré !

Comme la photo, le livre passe du papier au numérique : nettement moins cher et plus pratique.

Lisez plus, dépensez moins : achetez des ebooks plutôt que des livres en papier. Des ebooks à tarif décent.

Annexe 7

Sur http://www.auto-edition.com, depuis l'an 2000, de nombreuses informations sur le « comment faire » en accès gratuit.

Néanmoins, pour le secteur plus précis de l'ebook, j'ai publié en 2011 deux autres essais documents :

- *Le livre numérique, fils de l'auto-édition*
- *Le guide de l'auto-édition numérique en France (Publier et vendre des ebooks en autopublication)*

Revus en 2013.

J'en profite aussi pour vous présenter cinq romans. Les miens, finalement ! Amélie Nothomb et Frédéric Beigbeder ont suffisamment de surface médiatique ailleurs !

Stéphane Ternoise

Stéphane Ternoise est né en 1968. Il publie depuis 1991. Il est depuis son premier livre éditeur indépendant.

Dès 2004, il a proposé des livres numériques, en PDF. Mais c'est en 2011 seulement que les ventes dématérialisées ont démarré. Son catalogue numérique (depuis mi 2011 distribué par Immateriel) a ainsi rapidement dépassé celui du papier, grâce à des essais, des livres de photos... tout en continuant la lente écriture dans les domaines du théâtre et du roman. Depuis octobre 2013, et son « identifiant fiscal aux États-Unis », son catalogue papier tend à rattraper celui en pixels.
http://www.livrepapier.com ou
http://www.livrepixels.com

Il convient donc de nouveau d'aborder l'auteur sous le biais de l'œuvre. Ainsi, pour vous y retrouver, http://www.ecrivain.pro essaye de fournir une vue globale. Et chaque domaine bénéficie de sites au nom approprié :
http://www.romancier.net
http://www.dramaturge.net
http://www.essayiste.net

http://www.lotois.fr

Vous pouvez légitimement vous demander pourquoi un auteur avec un tel

catalogue ne bénéficie d'aucune visibilité dans les médias traditionnels. L'écriture est une chose, se faire des amis utiles une autre !

Catalogue (le plus souvent en papier et numérique, parfois uniquement les pixels, le travail de mise en page papier demandant plus de temps que d'heures disponibles)

Romans : (http://www.romancier.net)
Ils ne sont pas intervenus (le livre des conséquences) également en version numérique sous le titre Peut-être un roman autobiographique
La Faute à Souchon ? *également en version numérique sous le titre* **Le roman du show-biz et de la sagesse (Même les dolmens se brisent)**
Liberté, j'ignorais tant de Toi également en version numérique sous le titre Libertés d'avant l'an 2000)
Viré, viré, viré, même viré du Rmi
Quand les familles sans toit sont entrées dans les maisons fermées

Théâtre : (http://www.theatre.wf)
Théâtre peut-être complet
La baguette magique et les philosophes
Quatre ou cinq femmes attendent la star
Avant les élections présidentielles
Les secrets de maître Pierre, notaire de campagne

Deux sœurs et un contrôle fiscal
Ça magouille aux assurances
Pourquoi est-il venu ?
Amour, sud et chansons
Blaise Pascal serait webmaster

Aventures d'écrivains régionaux
Trois femmes et un amour
La fille aux 200 doudous et autres pièces de théâtre pour enfants
« Révélations » sur « les apparitions d'Astaffort »
Jacques Brel / Francis Cabrel (les secrets de la grotte Mariette)
Théâtre 7 femmes 7 comédiennes - Deux pièces contemporaines
Théâtre pour femmes
Pièces de théâtre pour 8 femmes
Onze femmes et la star

Photos : (http://www.france.wf)
Montcuq, le village lotois
Cahors, des pierres et des hommes. Photos et commentaires
Limogne-en-Quercy Calvignac la route des dolmens et gariottes
Saint-Cirq-Lapopie, le plus beau village de France ?
Saillac village du Lot
Limogne-en-Quercy cinq monuments historiques cinq dolmens
Beauregard, Dolmens Gariottes Château de Marsa et autres merveilles lotoises
Villeneuve-sur-Lot, des monuments historiques, un salon du livre... -Photos, histoires et opinions
Henri Martin du musée Henri-Martin de Cahors - Avec visite de Labastide-du-Vert et Saint-Cirq-Lapopie sur les traces du peintre
L'église romane de Rouillac à Montcuq et sa voisine oubliée, à découvrir - Les fresques de Rouillac, Touffailles et Saint-Félix

Livres d'artiste (http://www.quercy.pro)
Quercy : l'harmonie du hasard - Livre d'artiste 100% numérique

Essais : (http://www.essayiste.net)
Le manifeste de l'auto-édition - Manifeste politico-littéraire pour la reconnaissance des écrivains indépendants et une saine concurrence entre les différentes formes d'édition
Écrivains, réveillez-vous ? - La loi 2012-287 du 1er mars 2012 et autres somnifères
Le livre numérique, fils de l'auto-édition
Aurélie Filippetti, Antoine Gallimard et les subventions contre l'auto-édition - Les coulisses de l'édition française révélées aux lectrices, lecteurs et jeunes écrivains
Le guide de l'auto-édition numérique en France
(Publier et vendre des ebooks en autopublication)
Réponses à monsieur Frédéric Beigbeder au sujet du Livre Numérique (Écrivains= moutons tondus ?)
Comment devenir écrivain ? Être écrivain ?
(Écrire est-ce un vrai métier ? Une vocation ? Quelle formation ?...)
Amour - état du sentiment et perspectives

Ebook de l'Amour
Copie privée, droit de prêt en bibliothèque : vous payez, nous ne touchons pas un centime - Quand la France organise la marginalisation des écrivains indépendants

Chansons : (http://www.parolier.info)
Chansons trop éloignées des normes industrielles
Chansons vertes et autres textes engagés
Chansons d'avant l'an 2000
Parodies de chansons
De Renaud à Cabrel En passant par Cloclo et Jacques Brel

En chti : (http://www.chti.es)
Canchons et cafougnettes (Ternoise chti)
Elle tiote aux deux chints doudous (théâtre)

Politique : (http://www.commentaire.info)
Ce François Hollande qui peut encore gagner le 6 mai 2012 ne le mérite pas (Un Parti Socialiste non réformé au pays du quinquennat déplorable de Nicolas Sarkozy)
Nicolas Sarkozy : sketchs et Parodies de chansons

Bernadette et Jacques Chirac vus du Lot - Chansons théâtre textes lotois
Affaire Ségolène Royal - Olivier Falorni Ce qu'il faut en retenir pour l'Histoire - Un écrivain engagé, un observateur indépendant
François Fillon, persuadé qu'il aurait battu François Hollande en 2012, qu'il le battra en 2017 (?)

Notre vie (http://www.morts.info)
La trahison des morts : les concessions à perpétuité discrètement récupérées - Cahors, à l'ombre des remparts médiévaux, les vieux morts doivent laisser la place aux jeunes...
Cahors : Adèle et Marie Borie contre Jean-Marc Vayssouze-Faure - Appel à une mobilisation locale et nationale pour sauver les soeurs Borie...

Jeux de société
http://www.lejeudespistescyclables.com
La France des pistes cyclables - Fabriquer un jeu de société pour enfants de 8 à 108 ans

Autres :
La disparition du père Noël et autres contes
J'écris aussi des sketchs
Vive les poules municipales... et les poulets municipaux - Réduire le volume des déchets alimentaires et manger des oeufs de qualité

Œuvres traduites :
La fille aux 200 doudous :
- *The Teddy (Bear) Whisperer* (Kate-Marie Glover) - Das Mädchen mit den 200 Schmusetieren (Jeanne Meurtin)
- Le lion l'autruche et le renard :
- How the fox got his cunning (Kate-Marie Glover)

- Mertilou prépare l'été :
- The Blackbird's Secret (Kate-Marie Glover)

- *La fille aux 200 doudous et autres pièces de théâtre pour enfants (les 6 pièces)*
- La niña de los 200 peluches y otras obras de teatro para niños (María del Carmen Pulido Cortijo)

Les romans (http://www.romancier.org)

Le Roman de la Révolution Numérique

2013. Un roman toujours invisible, absent des chroniques littéraires, car comme le résume Alain Beuve-Méry, « *Tout dépend de la maison d'édition dans laquelle vous êtes édité, et du travail fait en amont par les attachés de presse auprès des journalistes et des jurés littéraires.* » Il fut sous-titré "Hors Goncourt 2013." Car l'auteur connaît le système ! C'est d'ailleurs cette France de l'édition le décor principal, avec Kader Terns, le premier "auteur" français ayant annoncé « *j'ai vendu 10 000 ebooks sur Amazon.fr* ». Après son "incroyable succès", le petit caïd du 9-3 était descendu dans le Lot pour m'y rencontrer. Je devais rédiger ses mémoires, statut peu glorieux du nègre. Il faut bien bouffer !

Ils ne sont pas intervenus (le livre des conséquences)

Le cinquième roman, aussi le plus personnel, avec quelques clés de l'enfance...
La lutte contre le déterminisme familial et social...

C'est sous le titre *Peut-être un roman autobiographique* que ce texte a trouvé un véritable public en numérique, surtout sur Amazon.

Viré, viré, viré, même viré du Rmi !

Un court roman, social, librement inspiré de ma période rmiste, avec même quelques documents officiels du système administratif français.

Quand les familles sans toit sont entrées dans les maisons fermées

Roman se déroulant dans le sud-ouest de la France, où de nombreuses résidences secondaires sont "revitalisées" par des jeunes sans toit. Roman social mais aussi une histoire d'Amour, avec la mystérieuse Séverine, venue d'un pays de l'Est en croyant posséder un visa d'étudiante mais tombée dans une filière...

La faute à Souchon ?

Le roman le plus commenté. Même une lettre recommandée de l'avocat de Francis Cabrel et Richard Seff...
Que vivre quand, à vingt-cinq ans, *la vie professionnelle* devient invivable ? L'Amour ? Du passé... et pourtant quand aux *rencontres d'Astaffort*, apparaît Marjorie... Astaffort ? Reflet de la variété, réussite marketing de Francis Cabrel ou chance pour les créateurs ?... Et Alain Souchon, omniprésent, ou presque, symbole d'une époque...

Libertés d'avant l'an 2000 (version 1 : Liberté, j'ignorais tant de Toi)

Un roman pour comprendre une époque. Où même les mots perdent leur sens. Une époque où seuls les installés pouvaient agir mais ne le souhaitaient pas, préféraient profiter des avantages en essayant de les transmettre à leurs enfants.

Table

Mentions légales

Tous droits de traduction, de reproduction, d'utilisation, d'interprétation et d'adaptation réservés pour tous pays, pour toutes planètes, pour tous univers.

Site officiel : http://www.ecrivain.pro

Présentation des livres essentiels : http://www.utopie.pro

Dépôt légal à la publication au format ebook du 14 octobre 2011 - révision décembre 2013.

Imprimé par CreateSpace, An Amazon.com Company pour le compte de l'auteur-éditeur indépendant.
livrepapier.com

EAN 9782365414883
ISBN 978-2-36541-488-3
Réponses à monsieur Frédéric Beigbeder au sujet du Livre Numérique -
Écrivains = moutons tondus ?
de Stéphane Ternoise
12 décembre 2013

www.ingramcontent.com/pod-product-compliance
Lightning Source LLC
Chambersburg PA
CBHW070449090426
42735CB00012B/2495